Les desserts de Sophie

Du même auteur,
aux éditions Minerva :
Les Cakes de Sophie
Les Crêpes de Sophie
Les Buffets de Sophie
Confitures et compotes de Sophie
Les Barbecues de Sophie
Les Madeleines de Sophie
Tartes et salades de Sophie
Le Carnet de Sophie
Les Cakes d'été de Sophie
L'Agenda de Sophie
Les Terrines de Sophie

Conception graphique : Anne Schlaffmann

Connectez-vous sur :
www.lamartiniere.fr

© 2005 Éditions Minerva, Genève (Suisse)
ISBN : 2-8307-0797-4
Tous droits de traduction, d'adaptation et de reproduction,
sous quelque forme que ce soit, réservés pour tous pays.

Sophie Dudemaine

Les desserts de Sophie

COLLECTION PRINTEMPS-ÉTÉ

Photographies : Françoise Nicol - Stylisme : Catherine Madani

AmsTramGrammeS

Minerva

Sommaire

Les conseils de Sophie

    Mes ustensiles .... p. 7
    Les produits .... p. 8

Recettes de base

    pâte brisée croustillante .... p. 10
    pâte sablée .... p. 10
    pâte à choux .... p. 11
    glaçage royal .... p. 12
    crème anglaise .... p. 12
    crème mousseline .... p. 13
    crème légère .... p. 14
    crème Chantilly .... p. 15
    crème pâtissière .... p. 15

En une bouchée !

    gaufres .... p. 19
    cookies .... p. 20
    muffins aux myrtilles .... p. 24
    rochers congolais .... p. 27
    choux aux fraises .... p. 28
    macarons au chocolat .... p. 33
    sablés au citron .... p. 35

Tout chocolat !

    moelleux au chocolat .... p. 39
    charlotte au chocolat .... p. 41
    profiteroles .... p. 44
    reine de Saba .... p. 47
    éclairs au chocolat .... p. 49

Que de fruits !

pannacotta aux kiwis .... p. 52
mille-feuille aux fruits .... p. 54
fondue au chocolat .... p. 58
crumble aux pêches .... p. 61
pie à la rhubarbe .... p. 63
pomme de Vénus .... p. 68
bavarois à la fraise .... p. 70
mousse aux framboises .... p. 72
tiramisu aux cerises .... p. 75
gratin de fruits au sabayon .... p. 77

Glacés !

sorbet cacao .... p. 82
milk-shake .... p. 85
glace vanille .... p. 86
sorbet fraise .... p. 87
vacherin glacé
au coulis de fruits rouges .... p. 91
soufflé glacé aux fruits rouges ...... p. 92

Les desserts de ma Maman !

charlotte aux framboises .... p. 98
œufs à la neige .... p. 103
diplomate .... p. 104
clafoutis aux abricots .... p. 107
tarte au citron meringuée .... p. 108
crème caramel .... p. 113
gâteau coco-fraise .... p. 114
omelette flambée au rhum .... p. 117

Les Desserts tout classiques !

cheesecake .... p. 123
quatre-quarts .... p. 124
gâteau des enfants .... p. 126
mille-feuille à la vanille .... p. 128
fraisier .... p. 131
gâteau breton .... p. 135
gâteau au fromage blanc .... p. 137
blanc-manger .... p. 138

Index .... p. 141

Classique   Allégé

Les conseils de Sophie

L'idée de ce livre, ce sont mes élèves en cours
de cuisine qui me l'ont suggérée, et peut-être aussi
l'éternel conflit entre la ligne et la gourmandise.
Alors voilà, maintenant vous avez le choix :
classique ou allégé.
Que l'on mette en garde contre le diabète
ou le cholestérol, vous aurez toujours un argument
de poids... Am stram grammes !
Bon appétit.
Ah ! Une dernière chose : ceci n'est pas
un livre de régime ! Rien que du plaisir ! "

Mes ustensiles

On me demande souvent quels ustensiles j'utilise pour la réalisation de mes recettes. Vous constaterez qu'il n'est pas nécessaire d'en avoir toute une panoplie, mais uniquement les bons. C'est pour cela que je teste non seulement les produits alimentaires mais aussi les ustensiles gadgets ou indispensables, ceux qui vont vous faire gagner du temps dans votre cuisine. Pratique, gain de temps : mon but, vous faire aimer la cuisine !!! Voici quelques sites ou téléphones pour des catalogues où vous trouverez tous ces ustensiles. Un conseil, comparez les prix pour le même article !
- http://www.epicuria.fr/   Tél. : 0 820 201 222
- http://www.francisbatt.com/   Tél. : 01 47 27 13 28
- http://www.lacantiniere.com/   Tél. : 0 810 000 103
- http://www.mathon.fr/   Tél. : 0 892 391 100

Tous les gâteaux, sauf indication contraire, sont cuits sur une grille placée au milieu d'un four à chaleur tournante. Attention, nous ne possédons pas les mêmes fours. Les temps de cuisson peuvent donc varier ! La première fois, surveillez toujours la cuisson de votre gâteau !

Les moules

Depuis quelques années, on trouve des moules très pratiques en silicone. Ils peuvent aller au congélateur, au four traditionnel, au four à micro-ondes, ils sont faciles d'entretien et n'ont pas besoin d'être graissés. Attention, lors de vos achats de moules en silicone : les moules bon marché ne sont souvent pas de la même qualité que certains moules plus chers. Mes préférés sont : Proflex bordeaux de Tefal®, Flexipan noir de Demarle® et Élastomoule gris de DeBuyer®.
N'hésitez pas à réaliser vos desserts dans des moules de tailles et de formes variées. Pensez aux verres, aux coupes ou ramequins. Ceux-ci vous permettront de présenter certains desserts individuellement et vous éviteront d'avoir à couper une préparation délicate. Pour certaines photos, j'ai pris la liberté de vous montrer d'autres formes de moules (rectangles, cœurs...).

La balance

Rien n'est plus désagréable que de convertir les centilitres en décilitres ou de chercher un doseur dont les graduations correspondent aux indications des recettes. J'ai résolu le problème en employant une balance électronique Ovelys de Tefal®. Grâce à sa mesure des liquides en centilitres et décilitres, je ne me pose plus de questions.
À offrir ou à s'offrir absolument !!!

Le robot ménager KitchenAid®

Il est évident que vous pouvez tout réaliser dans un saladier avec un fouet et vos mains. Mais avec ce robot, quel bonheur et quel gain de temps ! Il sait tout faire et vous rendra service pendant de longues années. Indispensable !

Le mixeur blender KitchenAid®

Parfait pour réussir les pâtes lisses, les coulis, les jus de fruits, les milk-shakes...

La grille ronde à pâtisserie ou volette

Pour démouler vos gâteaux et les laisser refroidir dessus.

La maxi-pelle à gâteaux

Très large, elle est indispensable pour transporter vos gâteaux facilement.

Le tapis de cuisson en silicone multi-usage

Pour cuire ou réchauffer les petits gâteaux directement sur la plaque. Plus besoin de papier sulfurisé.

Le siphon à chantilly

Pour éviter de monter la crème au batteur, pour la conserver plus longtemps, il vous suffit de verser la crème liquide dans le siphon et c'est prêt ! Magique ! N'oubliez pas de commander les cartouches qui vont avec.

Les conseils de Sophie

La poche à douille avec les douilles

Idéale pour décorer vos gâteaux. Elle est également pratique pour garnir vos petits fours, éclairs ou remplir vos verres comme pour le fraisier. Achetez-la en nylon.

Un thermomètre stylodigital

Idéal pour la cuisson du sucre : petit boulé (115 °C), gros boulé (121 °C)... et la température du chocolat (45 °C), car lorsque vous faites fondre le chocolat et que vous lui incorporez par la suite un ingrédient comme des jaunes d'œufs, le chocolat doit absolument être tiède.

La gamme MicroPlus de Tupperware®

Pour réchauffer et cuire au micro-ondes, je n'ai pas trouvé mieux. Incassables et inusables, vous ne pourrez plus vous en passer. De préférence, achetez le pichet avec son couvercle.

J'utilise également un éplucheur économe, un zesteur, un fouet, un pinceau à pâtisserie, une maryse en silicone, un rouleau à pâtisserie, une cuillère en bois, une boîte de découpoirs ronds cannelés, une saupoudreuse à sucre glace, une planche à découper en plastique, une spatule, une louche, un chinois ou passoire fine, un minuteur, un presse-citron OXO – Good Grips®, un séparateur à œuf, un couteau d'office, des emporte-pièce, un chalumeau à crème brûlée sans oublier un saladier ou un cul-de-poule, une série de casseroles et poêles.

À titre indicatif j'utilise le four à micro-ondes Arthur Martin® EM2412 pour faire fondre le beurre, le chocolat ou chauffer le lait, et le four multifonction Arthur Martin® FE6680X pour cuire tous mes desserts même sur 2 niveaux.
Pour les glaces et sorbets, j'ai choisi la turbine à glace Magimix®.

Les produits

Voici quelques informations sur les produits que j'ai testés et aimés.

Les édulcorants

Deux édulcorants ont retenu mon attention : l'édulcorant de cuisson en poudre de Canderel® et l'édulcorant en poudre d'Hermesetas®. Vous les trouverez en hypermarchés.
Je n'ai pas employé d'édulcorant liquide car celui en poudre se dose plus facilement et me permet d'avoir une texture plus proche du sucre. Dans toutes mes recettes, j'ai remplacé le sucre par de l'édulcorant mais vous pouvez aussi diminuer de moitié le sucre et ajoutez la moitié de la dose d'édulcorant indiquée dans la recette. Ce qui permettra notamment aux gâteaux biscuits tels que le quatre-quarts ou les cookies d'avoir une texture beaucoup plus proche des classiques.
Je réserve le Sucaryl® en granulés, acheté en pharmacie, pour sucrer le fromage blanc ou les yaourts car à mon avis, son pouvoir sucrant puissant ne convient pas bien à la pâtisserie.

Le beurre

Deux beurres allégés ont retenu mon attention : Bridélice® et Elle et Vire®.
Vous avez le choix entre 41% et 40% de matières grasses au lieu de 80% pour le beurre classique. Les deux sont doux ou demi-sel. Attention prenez un beurre de cuisine qui supporte la cuisson !
Lorsque j'indique dans mes recettes d'utiliser du beurre demi-sel, c'est juste une question de goût, il est évident que vous pouvez très bien utiliser du beurre doux.
Vous pouvez également remplacer le beurre par de la margarine allégée. Mais bon !!!

Les laitages

Pour le lait, vous pouvez utiliser du lait écrémé, mais je vous conseille tout de même le demi-écrémé car la différence entre les deux n'est pas significative.

Les desserts de Sophie - Collection printemps-été

Il en va de même pour les petits-suisses, les yaourts et le fromage blanc. Tous existent à 0 % mais vous pouvez utiliser du 20 %. Question de choix !!!

La crème fraîche

Vous pouvez utiliser 4 sortes de crèmes liquides allégées :
4, 8, 15 ou 20 % de matières grasses au lieu de 30 %.
Pour la crème fraîche épaisse allégée, vous avez le choix entre 4, 8, 15 ou 25 % de matières grasses au lieu de 30 et 40 %.
Pour la crème fouettée allégée, prenez une bombe chantilly à 12 ou 20 % de matières grasses au lieu de 40 %.
Mes recettes ont été réalisées avec les crèmes Bridélice®.
Pour la version classique, rien ne vaut une crème épaisse achetée dans un contenant en verre.
Il existe également une crème fouettée à la vanille délicieuse !

La farine

J'utilise pour tous mes gâteaux contenant de la levure la farine Francine® à gâteaux avec poudre levante incorporée. Ainsi, plus de problèmes de dosage de levure ni d'oubli.
Sinon utilisez la farine à gâteaux de votre choix. Pour ma part, j'emploie la farine Francine® fluide.
La fécule de maïs est quasiment aussi calorique que la farine de blé. C'est pour cela que je n'ai pas diminué la farine des gâteaux allégés. Mais vous pouvez toujours remplacer la moitié de la farine par cette dernière pour obtenir un gâteau encore plus léger en bouche.

Les œufs

J'utilise des œufs de calibre moyen 55/60.

Le chocolat

Dans mes recettes, je n'ai pas employé de chocolat light.
En effet, la diminution du sucre a été largement compensée par un supplément de matières grasses et le chocolat est un produit de dégustation et de plaisir par excellence, la différence ne m'a pas paru donc suffisante pour le changer.

J'ai testé pour vous la nouvelle tablette Lindt® dessert qualité maître chocolatier de 200 g : son arôme est puissant mais sans amertume. Ce fut un grand succès. Elle se casse facilement et fond très bien avec ou sans eau. L'essayer c'est l'adopter !

Les aides à la pâtisserie

Dans le rayon « aide à la pâtisserie » de votre hypermarché, vous trouverez tous les ingrédients nécessaires pour vos desserts. La vanille existe en arôme, en gousse ou en sachets. J'utilise souvent la vanille en poudre.
N'hésitez pas à utiliser également les arômes naturels de citron et d'orange, d'amande amère ou de fleur d'oranger pour parfumer vos desserts.
Vous y trouverez aussi les amandes, la noix de coco, les cerneaux de noix, les pépites de chocolat, les fruits confits, la gélatine...
Une vraie mine d'or !

Vous voilà fin prêt à réaliser tous vos desserts !!!
Classique ou allégé, à vous de choisir !!!

180 g de farine
90 g de beurre doux
ou demi-sel
3 petits-suisses à 40 %

Dans un saladier, mélangez la farine, le beurre en morceaux et les petits-suisses.
Formez une boule, enveloppez-la dans le film alimentaire
et mettez-la au réfrigérateur pendant 2 heures minimum.
Sortez la pâte du réfrigérateur au moins 15 minutes avant de l'étaler, puis
farinez votre plan de travail et étalez la pâte au rouleau.

Le conseil de Sophie :
La pâte brisée croustillante convient à toutes les recettes
de tartes sucrées et salées.

pâte brisée croustillante

Pour un moule à tarte de 28 cm

180 g de farine
90 g de beurre doux ou
demi-sel allégé à 41 %
3 petits-suisses à 20 %.

Dans un saladier, mélangez la farine, le beurre en morceaux
et les petits-suisses.
Formez une boule, enveloppez-la dans du film alimentaire
et mettez-la au réfrigérateur pendant 2 heures minimum.
Sortez la pâte du réfrigérateur au moins 15 minutes avant
de l'étaler, puis farinez votre plan de travail
et étalez la pâte au rouleau.

Le conseil de Sophie :
Pensez à utiliser des gants jetables pour réaliser vos pâtes à tarte.

250 g de farine
125 g de beurre doux
ou demi-sel allégé à 41 %
2 cuillerées à soupe
d'édulcorant en poudre
1 œuf entier

Dans un saladier, mélangez la farine, le beurre en morceaux,
l'édulcorant et l'œuf.
Formez une boule, enveloppez-la dans du film alimentaire
et mettez-la au réfrigérateur au moins 2 heures.
Sortez la pâte du réfrigérateur 15 minutes avant de l'étaler,
puis farinez votre plan de travail et étalez la pâte au rouleau.

Le conseil de Sophie :

Sortez le beurre du réfrigérateur suffisamment tôt pour
qu'il soit à température ambiante.

pâte sablée

Pour un moule à tarte de 28 cm

250 g de farine
125 g de beurre doux ou
demi-sel
125 g de sucre glace
1 œuf entier

Dans un saladier, mélangez la farine, le beurre en morceaux,
le sucre et l'œuf.
Formez une boule, enveloppez-la dans du film alimentaire
et mettez-la au réfrigérateur au moins 2 heures.
Sortez la pâte du réfrigérateur 15 minutes avant de l'étaler,
puis farinez votre plan de travail et étalez la pâte au rouleau.

Le conseil de Sophie :

Préparez plus de pâte et congelez-la.

100 g de beurre
20 g de sucre semoule
10 cl de lait entier
ou demi-écrémé
15 cl d'eau
150 g de farine fluide
4 œufs entiers
1 pincée de sel

pâte à choux

1 plaque de cuisson en silicone ou du papier sulfurisé

Préchauffez le four à 180 °C (thermostat 6).
Dans une casserole, faites chauffer à feu doux l'eau et le lait avec le beurre, le sucre et le sel. À ébullition, retirez du feu et jetez d'un seul coup toute la farine dans la casserole. Mélangez. Remettez le tout sur le feu et desséchez la pâte en la travaillant vigoureusement à l'aide d'une cuillère en bois. Lorsque la pâte ne colle plus à la cuillère ni à la casserole, versez-la dans un saladier. Incorporez les œufs un à un (tournez la pâte environ 2 minutes avant de mettre un autre œuf). Remplissez la poche à douille de pâte.
Sur la plaque en silicone :
Pour les choux, formez des boules de la taille d'une noix.
Pour les éclairs, façonnez des petits boudins d'environ 12 cm de long.
Pour les religieuses, formez des petits choux de la taille d'une noix pour les têtes, et des gros choux d'environ 5 cm de diamètre pour le corps.
Espacez-les suffisamment pour qu'ils ne se touchent pas à la cuisson. Mettez votre plaque dans le bas du four pendant 20 à 30 minutes (n'ouvrez pas la porte au début de la cuisson).

Le conseil de Sophie :
Avant la cuisson ajoutez une goutte d'eau entre les choux afin de les rendre plus moelleux.

---

100 g de beurre allégé à 41 %
2 cuillerées à soupe
d'édulcorant en poudre
10 cl de lait écrémé
15 cl d'eau
150 g de farine fluide
4 œufs entiers
1 pincée de sel

Préchauffez le four à 180 °C (thermostat 6).
Dans une casserole, faites chauffer à feu doux l'eau et le lait avec le beurre, l'édulcorant et le sel. À ébullition, retirez du feu et jetez d'un seul coup toute la farine dans la casserole. Mélangez. Remettez le tout sur le feu et desséchez la pâte en la travaillant vigoureusement à l'aide d'une cuillère en bois. Lorsque la pâte ne colle plus à la cuillère ni à la casserole, versez-la dans un saladier.
Incorporez les œufs un à un (tournez la pâte environ 2 minutes avant de mettre un autre œuf).
Remplissez la poche à douille de pâte.
Sur la plaque en silicone :
Pour les choux, déposez des boules de la taille d'une noix.
Pour les éclairs, façonnez des petits boudins d'environ 12 cm de long.
Pour les religieuses, formez des petits choux de la taille d'une noix pour les têtes, et des gros choux d'environ 5 cm de diamètre pour le corps.
Espacez-les suffisamment pour qu'ils ne se touchent pas à la cuisson.
Mettez votre plaque dans le bas du four pendant 20 à 30 minutes (n'ouvrez pas la porte au début de la cuisson).

Le conseil de Sophie :
Il est plus facile de préparer une pâte à choux dans un robot.

Recettes de base

200 g de sucre glace
1 blanc d'œuf (35 g)
1/2 cuillerée à café
de jus de citron

Dans un saladier, tamisez le sucre à travers une passoire fine.
Ajoutez le blanc d'œuf légèrement
battu et mélangez énergiquement à l'aide d'un fouet.
Ajoutez le jus de citron. Mélangez.
Nappez le gâteau de votre choix et laissez refroidir.

glaçage royal

Le conseil de Sophie :

Vous pouvez vous amuser à réaliser des glaçages
colorés avec des colorants alimentaires que vous trouverez
dans le rayon « aide à la pâtisserie » des hypermarchés.
Vous pouvez également utiliser des colorants naturels
comme le jus de carotte, le jus de betterave ou du sirop
aux fruits. Dans tous les cas, versez petit à petit
le colorant dans la préparation jusqu'à l'obtention
de la couleur désirée.
Ce glaçage se conserve une semaine au réfrigérateur,
couvrez-le avec un linge humide afin d'éviter
qu'une croûte se forme.
Il n'existe pas de version allégée du glaçage royal car
l'édulcorant ne permet pas au glaçage de se solidifier.

50 cl de lait entier
6 jaunes d'œufs
125 g de sucre semoule
1 cuillerée à café de vanille
en poudre

crème anglaise

Pour 10 personnes

Dans une casserole, faites chauffer le lait avec la vanille.
Battez les jaunes d'œufs avec le sucre à l'aide d'un fouet
jusqu'à ce que le mélange blanchisse.
Incorporez peu à peu le lait chaud et la vanille en fouettant
constamment.
Versez de nouveau ce mélange dans la casserole et chauffez
à feu doux (ne faites surtout pas bouillir) sans cesser
de remuer avec une cuillère en bois, jusqu'à ce que
la mousse de la crème disparaisse. Retirez la crème
du feu et versez-la dans un saladier.
Remuez de temps en temps jusqu'à refroidissement.

Le conseil de Sophie :

Si votre crème anglaise tourne, mixez-la 2 minutes
avec un glaçon.

crème mousseline

50 cl de lait écrémé
6 jaunes d'œufs
4 cuillerées à soupe
d'édulcorant en poudre
1 gousse de vanille

Dans une casserole, faites chauffer
le lait avec la gousse de vanille coupée en
deux dans la longueur
Battez les jaunes d'œufs avec l'édulcorant
à l'aide d'un fouet. Incorporez peu à peu
le lait chaud et la vanille en fouettant
constamment.
Versez de nouveau ce mélange dans
la casserole et chauffez à feu doux
(ne faites surtout pas bouillir) sans cesser
de remuer avec une cuillère
en bois, jusqu'à ce que la mousse de
la crème disparaisse. Retirez la crème
du feu et versez-la dans un saladier.
Remuez de temps en temps jusqu'à
refroidissement.

Le conseil de Sophie :
Si vous ne parvenez vraiment pas
à réaliser votre crème anglaise,
vous pouvez ajouter une cuillerée
à café de Maïzena® avec le jaune et
le sucre. Ainsi elle ne tournera pas.

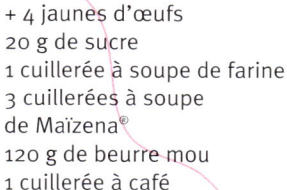

---

50 cl de lait entier
1 œuf entier
+ 4 jaunes d'œufs
20 g de sucre
1 cuillerée à soupe de farine
3 cuillerées à soupe
de Maïzena®
120 g de beurre mou
1 cuillerée à café
de poudre de vanille

Dans une casserole, faites bouillir le lait
avec la vanille.
Pendant ce temps, dans un saladier,
fouettez le sucre avec les œufs jusqu'à
ce que le mélange blanchisse, puis
incorporez la farine et la Maïzena®.
Versez le lait bouillant dans le saladier en
battant pour obtenir un mélange homogène.
Reversez le tout dans la casserole.
Portez à ébullition à feu moyen en remuant
régulièrement jusqu'à épaississement.
Baissez le feu et laissez cuire encore
1 minute en remuant.
Retirez du feu, incorporez 60 g de beurre
coupé en morceaux et mélangez.
Après refroidissement, ajoutez le reste du
beurre mou et mélangez à nouveau.

---

50 cl de lait écrémé
1 œuf entier + 4 jaunes d'œufs
3 cuillerées à soupe
d'édulcorant en poudre
1 cuillerée à soupe de farine
3 cuillerées à soupe
de Maïzena®
120 g de beurre allégé à 41 % mou
1 cuillerée à café
de vanille liquide

Dans une casserole, faites bouillir le lait
avec la vanille.
Pendant ce temps, dans un saladier,
fouettez l'édulcorant avec les œufs
puis incorporez la farine et la Maïzena®.
Versez le lait bouillant dans le saladier
en battant pour obtenir un mélange
homogène.
Reversez le tout dans la casserole.
Portez à ébullition à feu moyen en remuant
régulièrement jusqu'à épaississement.
Baissez le feu et laissez cuire encore
1 minute en remuant.
Retirez du feu, incorporez 60 g de beurre
coupé en morceaux et mélangez.
Après refroidissement, ajoutez le reste
du beurre mou et mélangez à nouveau.

Recettes de base

crème légère

50 cl de lait entier ou demi-écrémé
5 jaunes d'œufs
40 g de sucre semoule
2 cuillerées à soupe de farine
1 cuillerée à soupe de Maïzena®
20 g de beurre
1 bombe de crème Chantilly
ou 25 cl de crème Chantilly maison
(voir recette p. 14)
1 cuillerée à café de vanille en poudre
ou de l'extrait de vanille

Dans une casserole, faites bouillir le lait avec la vanille.
Pendant ce temps, dans un saladier, fouettez le sucre avec les jaunes jusqu'à ce que le mélange blanchisse, puis incorporez la farine et la Maïzena®.
Versez le lait bouillant dans le saladier en battant pour obtenir un mélange homogène.
Reversez le tout dans la casserole. Portez à ébullition à feu moyen en remuant régulièrement jusqu'à épaississement. Baissez le feu et laissez cuire encore 1 minute en remuant.
Retirez du feu, incorporez le beurre et mélangez. Laissez refroidir.
Incorporez délicatement, à l'aide d'une spatule, la chantilly à la crème pâtissière refroidie.

Le conseil de Sophie :

Vous pouvez aromatiser la crème légère en incorporant une cuillerée à soupe de rhum ou de Grand Marnier® avant de verser le lait bouillant sur le mélange.

---

50 cl de lait écrémé
5 jaunes d'œufs
3 cuillerées à soupe d'édulcorant en poudre
2 cuillerées à soupe de farine
1 cuillerée à soupe de Maïzena®
20 g de beurre allégé à 41 %
1 bombe de Chantilly légère
ou 25 cl de crème Chantilly maison
allégée (voir recette p. 15)
1 gousse de vanille

Dans une casserole, faites bouillir le lait avec la vanille.
Pendant ce temps, dans un saladier, fouettez l'édulcorant avec les jaunes, puis incorporez la farine et la Maïzena®.
Versez le lait bouillant dans le saladier en battant pour obtenir un mélange homogène.
Reversez le tout dans la casserole.
Portez à ébullition à feu moyen en remuant régulièrement jusqu'à épaississement.
Baissez le feu et laissez cuire encore 1 minute en remuant.
Retirez du feu, incorporez le beurre et mélangez. Laissez refroidir.
Incorporez délicatement, à l'aide d'une spatule, la chantilly à la crème pâtissière refroidie.

Le conseil de Sophie :

Attention, la crème pâtissière et la chantilly doivent être bien froides lors du mélange.

---

30 cl de crème
liquide entière
50 g de sucre glace

Versez la crème très froide et le sucre dans le saladier très froid et montez-la rapidement au fouet ou au batteur.
Veillez à ne pas trop monter la crème car elle tournerait en beurre.

Le conseil de Sophie :

Il existe dans le commerce des siphons à chantilly. N'hésitez pas à les employer.

crème Chantilly

30 cl de crème liquide allégée à 15 %
2 cuillerées à soupe d'édulcorant en poudre

Versez la crème très froide et l'édulcorant dans le saladier très froid et montez-la rapidement au fouet ou au batteur. Veillez à ne pas trop monter la crème car elle tournerait en beurre.

Le conseil de Sophie :
N'hésitez pas à réaliser la crème pâtissière en grande quantité car elle se congèle très bien.

crème pâtissière

50 cl de lait entier ou demi-écrémé
5 jaunes d'œufs
60 g de sucre semoule
2 cuillerées à soupe de farine
1 cuillerée à soupe de Maïzena®
20 g de beurre
1 cuillerée à café de vanille en poudre
ou de l'extrait de vanille

Dans une casserole, faites bouillir le lait avec la vanille.
Pendant ce temps, dans un saladier, fouettez le sucre avec les jaunes jusqu'à ce que le mélange blanchisse, puis incorporez la farine et la Maïzena®.
Versez le lait bouillant dans le saladier en battant pour obtenir un mélange homogène.
Reversez le tout dans la casserole. Portez à ébullition à feu moyen en remuant régulièrement jusqu'à épaississement. Baissez le feu et laissez cuire encore 1 minute en remuant.
Retirez du feu, incorporez le beurre coupé en morceaux et mélangez.
Laissez refroidir avant l'utilisation.

Le conseil de Sophie :
Pour éviter qu'une croûte se forme à la surface de la crème, saupoudrez-la de sucre glace.

50 cl de lait écrémé
5 jaunes d'œufs
3 cuillerées à soupe d'édulcorant en poudre
2 cuillerées à soupe de farine
1 cuillerée à soupe de Maïzena®
20 g de beurre allégé à 41 %
1 gousse de vanille

Dans une casserole, faites bouillir le lait avec la gousse de vanille fendue en deux dans la longueur.
Pendant ce temps, dans un saladier, fouettez l'édulcorant avec les jaunes, puis incorporez la farine et la Maïzena®.
Versez le lait bouillant dans le saladier en battant pour obtenir un mélange homogène.
Reversez le tout dans la casserole. Portez à ébullition à feu moyen en remuant régulièrement jusqu'à épaississement.
Baissez le feu et laissez cuire encore 1 minute en remuant.
Retirez du feu, incorporez le beurre coupé en morceaux et mélangez. Laissez refroidir avant l'utilisation.

Recettes de base

En une bouchée !

gaufres .... p. 19
cookies .... p. 20
muffins aux myrtilles .... p. 24
rochers congolais .... p. 27
choux aux fraises .... p. 28
macarons au chocolat .... p. 33
sablés au citron .... p. 35

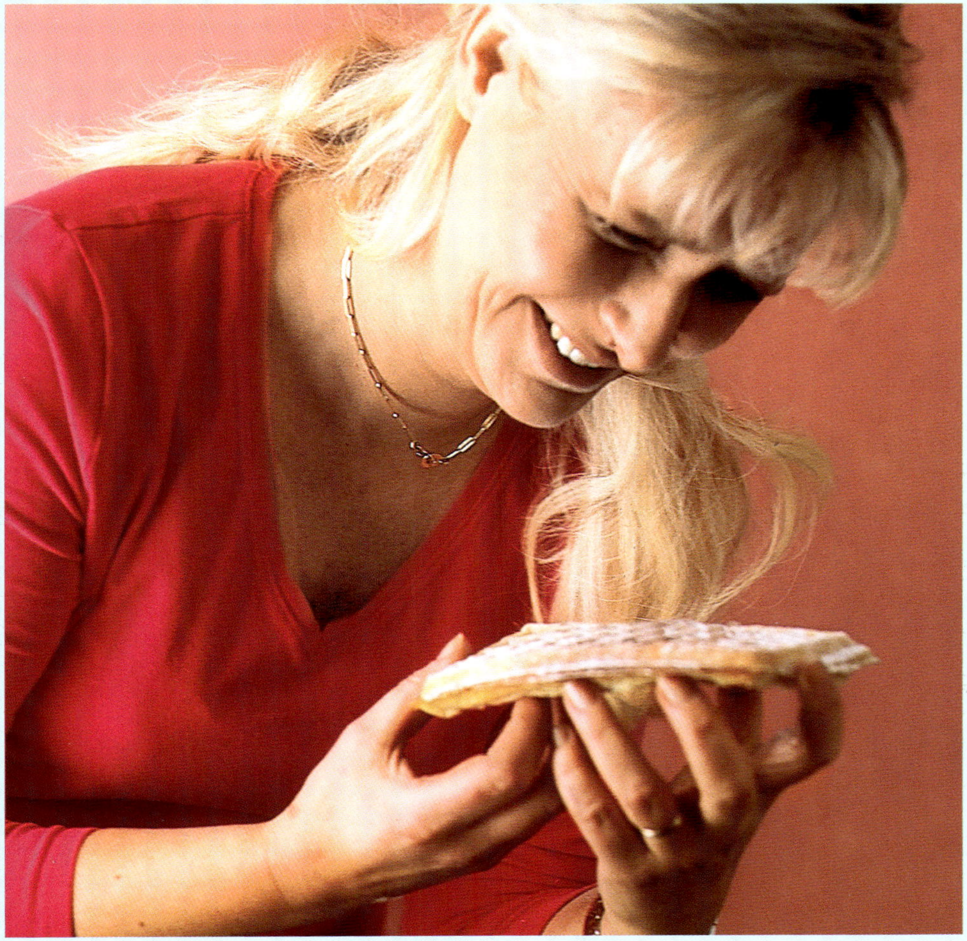

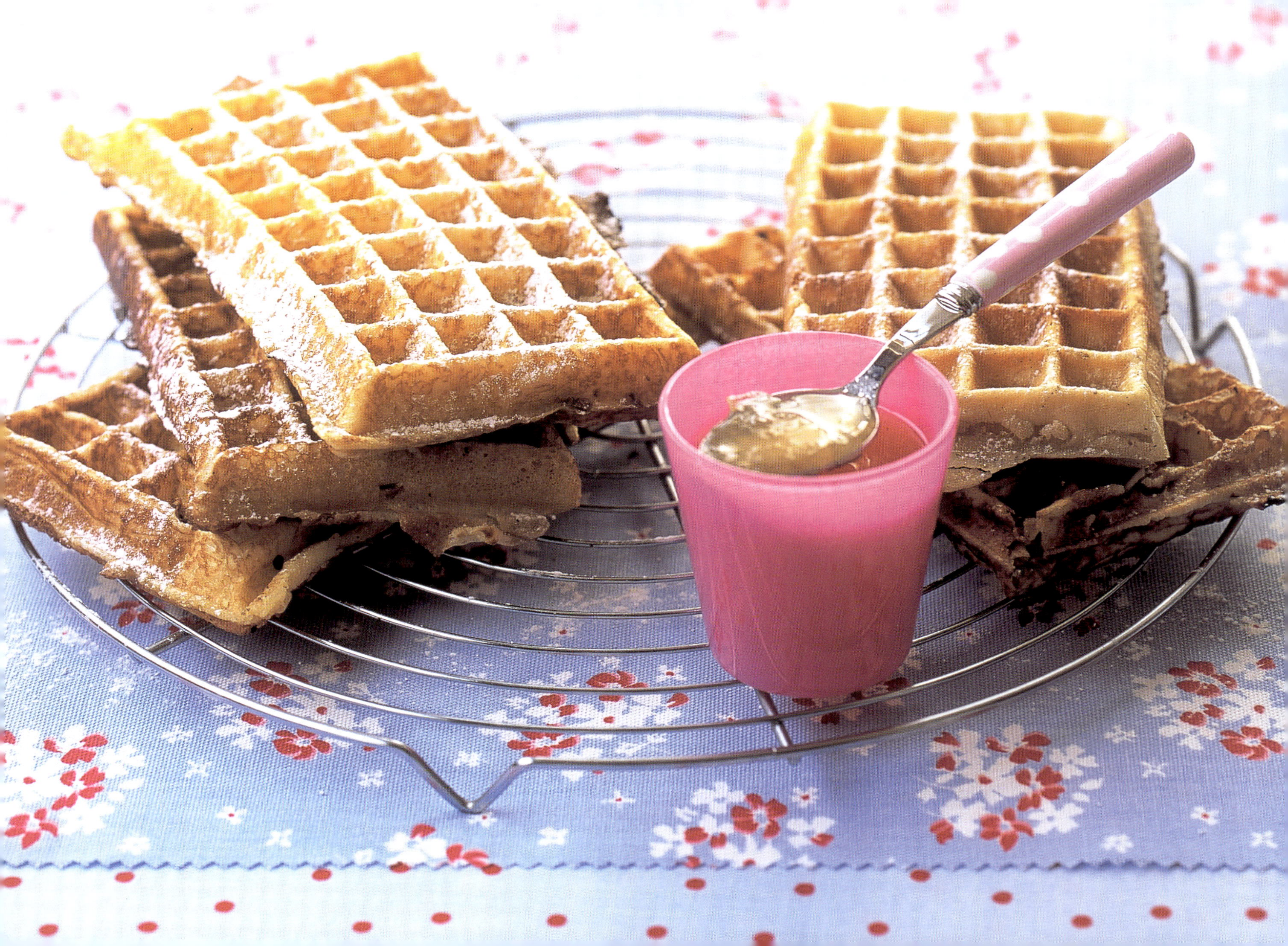

2 œufs entiers
300 g de farine avec
poudre levante incorporée
ou 300 g de farine et
1/2 sachet de levure chimique
80 g de beurre fondu
1 sachet de sucre vanillé
40 cl de lait entier
1 pincée de sel

gaufres

1 plaque silicone ou du papier sulfurisé pour la cuisson
1 gaufrier - Pour 6 gaufres

Dans un saladier, battez les œufs en omelette. Ajoutez la farine, le beurre fondu, le sucre vanillé, le sel et mélangez. Délayez petit à petit le tout avec le lait préalablement chauffé pour obtenir une pâte sans grumeaux.
Graissez le gaufrier et faites-le chauffer. Versez-y de la pâte et faites cuire et dorer des 2 côtés environ 3 minutes.
Saupoudrez de sucre. À déguster immédiatement !!!

Le conseil de Sophie :
Si vous désirez les manger froides,
faites-les cuire un peu plus longtemps !

2 œufs entiers
300 g de farine avec
poudre levante incorporée
ou 300 g de farine et
1/2 sachet de levure chimique
80 g de beurre allégé à 41 % fondu
1 sachet de sucre vanillé
40 cl de lait écrémé
1 pincée de sel

Dans un saladier, battez les œufs en omelette. Ajoutez la farine, le beurre fondu, le sucre vanillé, le sel et mélangez. Délayez petit à petit le tout avec le lait préalablement chauffé pour obtenir une pâte sans grumeaux.
Graissez le gaufrier et faites-le chauffer. Versez-y de la pâte et faites cuire et dorer des 2 côtés environ 3 minutes.
Saupoudrez de sucre. À déguster immédiatement !!!

Le conseil de Sophie :
N'hésitez pas à parfumer la pâte avec du rhum,
un zeste d'orange ou de citron ou de l'eau de fleur d'oranger…

En une bouchée !

100 g de beurre demi-sel mou
75 g de sucre vergeoise
1 œuf entier
150 g de farine avec
poudre levante incorporée
ou 150 g de farine et
1/3 de sachet de levure chimique
100 g de pépites de chocolat
50 g de cerneaux de noix
1 cuillerée à café d'extrait
de vanille liquide

cookies

1 plaque silicone ou du papier sulfurisé pour la cuisson
Pour 15 cookies

Préchauffez le four à 180 °C (thermostat 6).
Dans un saladier, mélangez le beurre avec le sucre, l'œuf et la vanille. Ajoutez petit à petit la farine en tournant sans cesse. Incorporez au mélange les pépites de chocolat et les noix concassées.
À l'aide de vos mains, façonnez des petites boules de pâte. Déposez-les sur la plaque en les espaçant. Aplatissez-les avec une cuillère de façon à former des disques de 10 cm de diamètre environ.
Mettez le tout au four pendant 10 à 15 minutes jusqu'à ce qu'ils soient dorés.
Sortez-les du four et posez-les sur une grille.
Servez-les tièdes ou froids.

Le conseil de Sophie :
Ne travaillez pas trop la pâte à cookies, car elle deviendrait trop élastique.

80 g de beurre demi-sel
allégé à 41 %
2 œufs entiers
2 cuillerées à soupe
d'édulcorant en poudre
150 g de farine avec
poudre levante incorporée
ou 150 g de farine et
1/3 de sachet de levure chimique
100 g de pépites de chocolat
1 cuillerée à café d'extrait
de vanille liquide

Préchauffez le four à 180 °C (thermostat 6).
Dans un saladier, mélangez le beurre avec l'édulcorant, les œufs et la vanille. Ajoutez petit à petit la farine en tournant sans cesse. Incorporez au mélange les pépites de chocolat.
À l'aide de vos mains, façonnez des petites boules de pâte. Déposez-les sur la plaque en les espaçant. Aplatissez-les avec une cuillère de façon à former des disques de 10 cm de diamètre environ. Mettez le tout au four pendant 10 à 15 minutes jusqu'à ce qu'ils soient dorés.
Sortez-les du four et posez-les sur une grille.
Servez-les tièdes ou froids.

Le conseil de Sophie :
La pâte des cookies allégés sera plus collante que la classique. Dans ce cas, mouillez légèrement vos doigts avant de les façonner sur la plaque de cuisson.

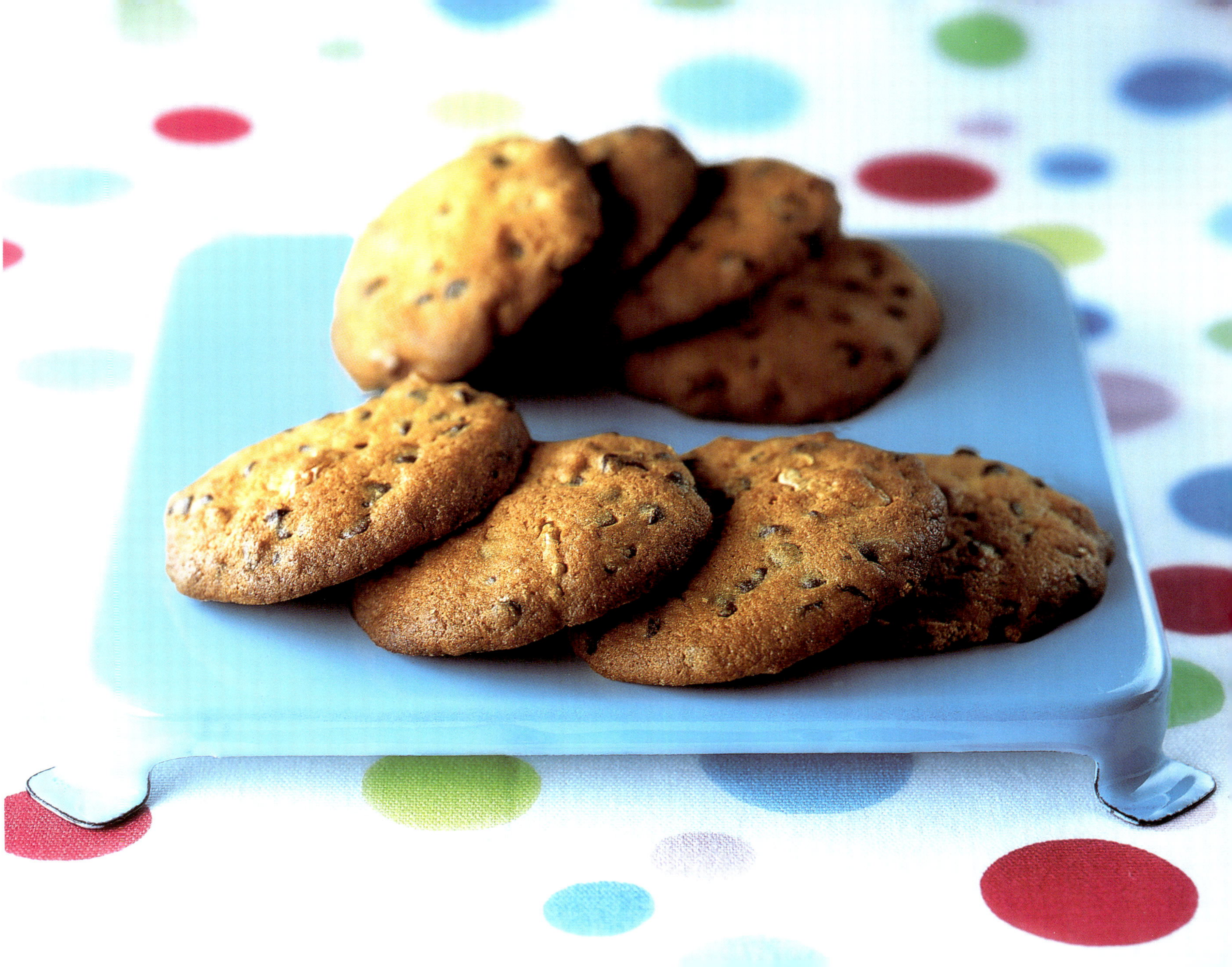

Les desserts de Sophie - Collection printemps-été

En une bouchée ! | 23

Préchauffez le four à 180 °C (thermostat 6).
Dans un saladier, mélangez ensemble la farine
et l'édulcorant. Faites un puits.
Dans un autre saladier, battez les œufs avec un fouet.
Ajoutez les yaourts.
Versez dans le puits et mélangez… mais pas trop !
Ajoutez les myrtilles et mélangez de nouveau.
Ne travaillez pas trop la pâte.
Remplissez les moules de pâte aux deux tiers.
Mettez au four immédiatement pendant 20 minutes.

200 g de myrtilles fraîches
ou surgelées
250 g de farine avec
poudre levante incorporée
ou 250 g de farine et
1/2 sachet de levure chimique
3 cuillerées à soupe
d'édulcorant en poudre
3 œufs entiers
2 yaourts à la vanille

Le conseil de Sophie :

Vous pouvez remplacer les myrtilles par des cerises, des fraises, des framboises… Les muffins se congèlent très bien emballés dans du papier d'aluminium.

muffins aux myrtilles

Moules à muffins ou caissettes
Pour 10 à 12 muffins

200 g de myrtilles fraîches
ou surgelées
250 g de farine avec
poudre levante incorporée
ou 250 g de farine et
1/2 sachet de levure chimique
160 g de sucre semoule
2 œufs entiers
8 cl d'huile de tournesol
12 cl de lait entier
1 pincée de sel

Préchauffez le four à 180 °C (thermostat 6).
Dans un saladier, mélangez ensemble la farine,
le sucre et le sel. Faites un puits.
Dans un autre saladier, battez les œufs avec un fouet.
Ajoutez l'huile puis le lait.
Versez dans le puits et mélangez… mais pas trop ! Ajoutez
les myrtilles et mélangez de nouveau. Ne travaillez pas trop la pâte.
Remplissez les moules de pâte aux deux tiers. Mettez au four
immédiatement pendant 20 minutes.

Les desserts de Sophie - Collection printemps-été

Le conseil de Sophie :

Il est important pour les muffins de mélanger d'un côté les ingrédients secs (farine, levure...)
et de l'autre côté les ingrédients humides (beurre, lait...).

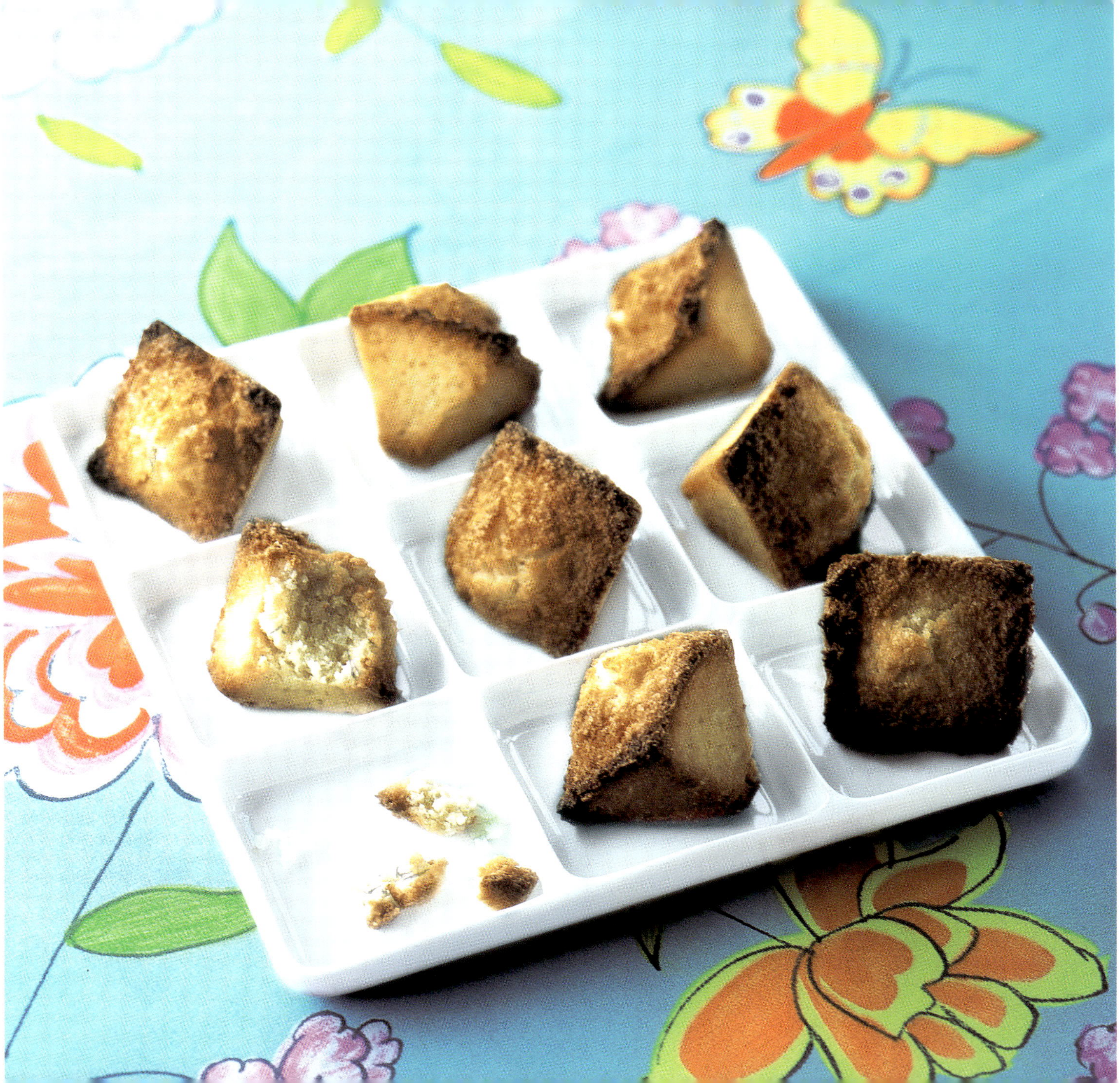

225 g de noix de coco râpée
40 g de farine
4 blancs d'œufs (140 g)
225 g de sucre semoule

rochers congolais

Préchauffez le four à 180 °C (thermostat 6).
Dans un saladier, mélangez la noix de coco avec la farine.
Battez les blancs en neige et, dès qu'ils sont fermes, ajoutez-y le sucre.
Continuez à battre 30 secondes jusqu'à ce que l'aspect soit brillant et ferme.
Incorporez les blancs délicatement mais rapidement au mélange coco.
Façonnez à la main des rochers pyramidaux ou des boules, et disposez-les sur la plaque en les espaçant. Mettez au four pendant 15 minutes.
Laissez refroidir et décollez de la plaque de cuisson.

Le conseil de Sophie :

Si les rochers dorent trop vite, recouvrez-les d'une feuille d'aluminium.
Ils peuvent se préparer à l'avance, vous les garderez 7 jours dans une boîte hermétique.

Préchauffez le four à 180 °C (thermostat 6).
Dans un saladier, mélangez la noix de coco avec la farine.
Battez les blancs en neige et, dès qu'ils sont fermes, ajoutez-y l'édulcorant. Continuez à battre 5 secondes.
Incorporez délicatement mais rapidement les blancs au mélange coco. Façonnez à la main des rochers pyramidaux ou des boules, et disposez-les sur la plaque en les espaçant. Mettez au four pendant 15 minutes.
Laissez refroidir et décollez de la plaque de cuisson.

Le conseil de Sophie :

Pour former des pyramides régulières, déposez sur la plaque des boules de pâte et utilisez le plat de la lame d'un couteau trempé dans de l'eau chaude.

1 plaque en silicone ou du papier sulfurisé pour la cuisson ou des moules pyramides

Pour 9 rochers

200 g de noix de coco râpée
30 g de farine
6 blancs d'œufs (210 g)
3 cuillerées à soupe d'édulcorant en poudre

En une bouchée !

choux aux fraises

Pour 24 choux

Pâte à choux (voir recette p. 11)

Pour la garniture :
1 bombe de crème Chantilly à la vanille
ou 25 cl de crème Chantilly maison
(voir recette p. 14)
250 g de fraises
2 cuillerées à soupe de sucre glace
Une vingtaine de petites feuilles
de menthe

Pour le coulis :
250 g de fraises
5 cuillerées à soupe d'eau
50 g de sucre
Le jus d'un demi-citron

Réalisez la pâte à choux et faites cuire les choux.
Préparez le coulis de fraises : lavez, équeutez les fraises.
Dans une petite casserole, faites bouillir l'eau avec le sucre.
Dès que le sirop bout, retirez-le du feu.
Mixez les fraises avec le jus de citron durant 15 secondes.
Ajoutez-y le sirop et mixez de nouveau pendant 5 secondes.
Laissez tiédir. Réservez au réfrigérateur.
Si vous désirez un coulis sans pépins, passez-le dans
une petite passoire au-dessus d'un saladier.
Ouvrez les choux en deux. Garnissez la base des choux
de chantilly. Parsemez de morceaux de fraise et recouvrez-les
de leur chapeau.
Disposez-les dans les assiettes. Versez un peu de coulis autour
et saupoudrez de sucre glace. Décorez d'une feuille de menthe.

Le conseil de Sophie :
Vous pouvez remplacer la crème Chantilly
par de la crème légère (voir recette p. 14)
ou pâtissière (voir recette p. 15).

Les desserts de Sophie - Collection printemps-été

Pour 20 choux

Pâte à choux allégée (voir recette p. 11)

Pour la garniture :
1 bombe de crème Chantilly allégée
ou 25 cl de crème Chantilly allégée
maison (voir recette p. 15)
250 g de fraises
Une vingtaine de petites feuilles
de menthe

Pour le coulis :
250 g de fraises
2 cuillerées à soupe d'édulcorant
Le jus d'un demi-citron

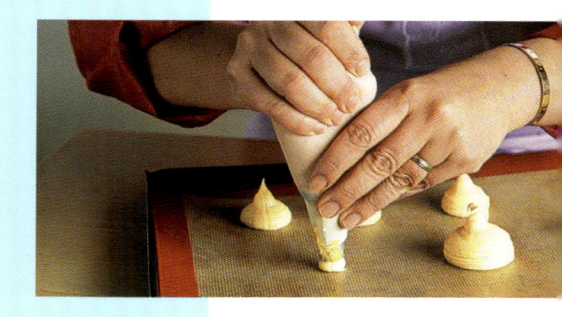

Réalisez la pâte à choux et faites cuire les choux.
Préparez le coulis de fraises : lavez, équeutez les fraises et mixez-les. Ajoutez l'édulcorant et le citron. Mixez de nouveau pendant 5 secondes. Réservez au réfrigérateur.
Si vous désirez un coulis sans pépins, passez-le dans une petite passoire au-dessus d'un saladier.
Ouvrez les choux en deux. Garnissez la base des choux de chantilly. Parsemez de morceaux de fraise et recouvrez-les de leur chapeau.
Disposez-les dans les assiettes. Versez un peu de coulis autour. Décorez d'une feuille de menthe.

En une bouchée ! 29

Le conseil de Sophie :

Vous pouvez remplacer les fraises par des framboises et réaliser votre propre chantilly allégée en suivant la recette p. 15."

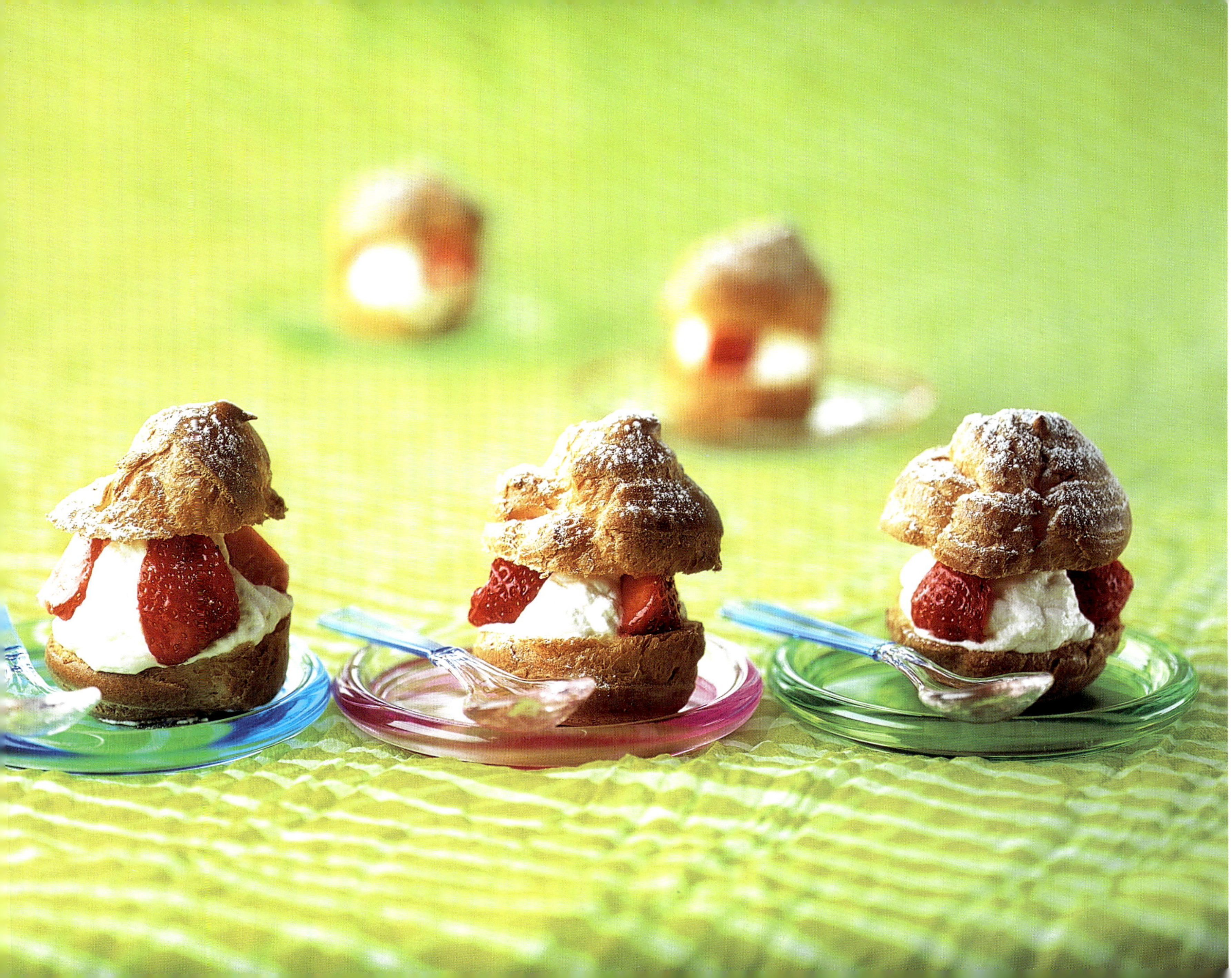

120 g de sucre glace
70 g de poudre d'amandes
10 g de cacao en poudre non sucré
2 blancs d'œufs (70 g)

Pour la ganache :
80 g de chocolat noir
5 cl de lait entier
75 g de beurre doux

Préchauffez le four à 150 °C (thermostat 5).
Mélangez puis tamisez ensemble à l'aide
d'une passoire fine le sucre glace, le cacao
et la poudre d'amandes.
Fouettez les blancs en neige ferme. Versez dessus
le mélange sucre, cacao et amandes et incorporez-
le aux blancs délicatement mais rapidement.
Attention la pâte doit rester épaisse.
À l'aide d'une poche à douille, faites des ronds
de pâte de la taille de votre choix sur la plaque.
Laissez reposer 15 minutes.
Mettez au four pendant 12 minutes.
Sortez la plaque du four et laissez refroidir.
Pendant ce temps, préparez la ganache : dans
un bol, mettez le chocolat coupé en carrés, le lait
et le beurre. Faites fondre le tout au micro-ondes
puissance maximum pendant 1 minute.
Mélangez et laissez refroidir jusqu'à ce que la pâte
durcisse.
Garnissez de ganache 8 macarons et recouvrez
chacun d'un autre macaron.
Mettez le tout au réfrigérateur recouvert d'un film.

Les desserts de Sophie - Collection printemps-été

Le conseil de Sophie :

N'hésitez pas à congeler vos macarons. Dans ce cas, décongelez-les la veille en les mettant au réfrigérateur.

Le nombre de macarons obtenus dépendra de la taille que vous leur donnerez. Mais pensez toujours à en faire un nombre pair !

macarons au chocolat

1 plaque en silicone ou du papier sulfurisé pour la cuisson
Pour 8 grands macarons

3 cuillerées à soupe d'édulcorant en poudre
100 g de poudre d'amandes
5 g de cacao en poudre non sucré
3 blancs d'œufs (105 g)

Pour la ganache :
80 g de chocolat
5 cl de lait écrémé
75 g de beurre doux allégé à 41 %

Préchauffez le four à 150 °C (thermostat 5). Mélangez puis tamisez ensemble à l'aide d'une passoire fine l'édulcorant, le cacao et la poudre d'amandes. Fouettez les blancs en neige ferme. Versez dessus le mélange édulcorant, cacao et amandes et incorporez-le aux blancs délicatement mais rapidement. Attention la pâte doit rester épaisse.
Ne mélangez pas trop longtemps les blancs aux autres ingrédients.
À l'aide d'une poche à douille, faites des ronds de pâte de la taille de votre choix sur la plaque. Laissez reposer 15 minutes. Mettez au four pendant 12 minutes. Sortez la plaque du four et laissez refroidir.
Pendant ce temps, préparez la ganache : dans un bol, mettez le chocolat coupé en carrés, le lait et le beurre. Faites fondre au micro-ondes puissance maximum pendant 1 minute. Mélangez et laissez refroidir jusqu'à ce que la pâte durcisse.
Garnissez de ganache 8 macarons, et recouvrez chacun d'un autre macaron. Mettez le tout au réfrigérateur recouvert d'un film.

Le conseil de Sophie :

Si vous en avez la patience conservez-les au réfrigérateur pendant 48 heures, ils n'en seront que plus moelleux et plus croquants à la fois.

En une bouchée ! **33**

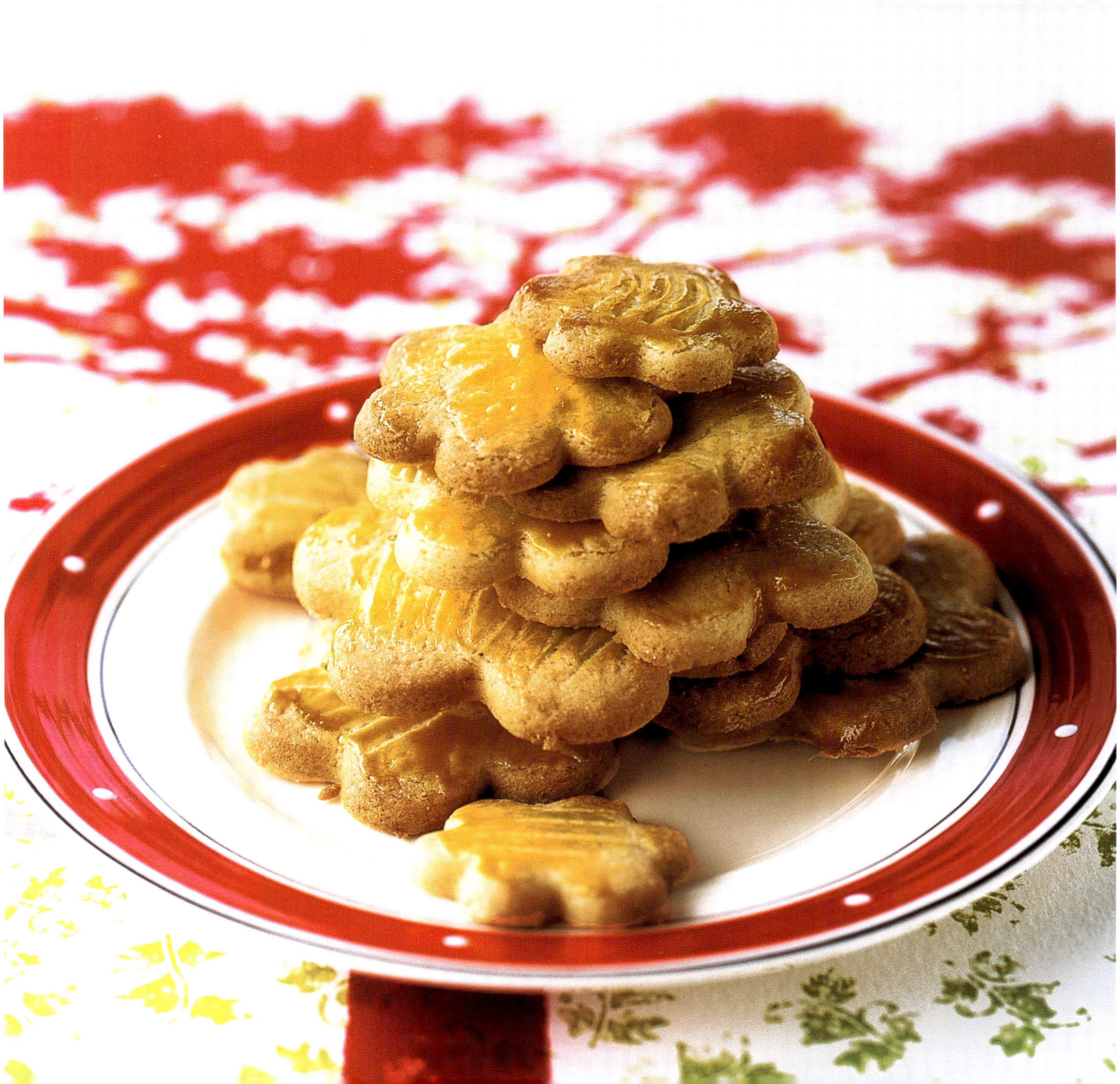

250 g de farine fluide
125 g de beurre demi-sel mou
125 g de sucre semoule ou roux
1 œuf entier + 1 jaune
Le zeste d'un citron

250 g de farine fluide
125 g de beurre demi-sel allégé à 41 %
3 cuillerées à soupe d'édulcorant en poudre
2 œufs entiers + 1 jaune
Le zeste d'un citron

sablés au citron

1 plaque en silicone ou du papier sulfurisé pour la cuisson
Pour environ 30 sablés

Dans un saladier, mélangez le beurre avec le sucre à l'aide d'un fouet. Ajoutez l'œuf puis le zeste de citron. Mélangez. Incorporez la farine. Mélangez bien le tout.
Faites une boule. Mettez-la au réfrigérateur dans du papier film pendant 30 minutes.
Préchauffez le four à 150 °C (thermostat 5).
Étalez la pâte au rouleau avec un peu de farine sur le plan de travail jusqu'à obtenir une épaisseur de 1 cm environ.
Découpez-y des ronds à l'aide d'un verre.
Déposez-les sur la plaque. Formez des croisillons avec une fourchette et dorez-les au pinceau avec le jaune d'œuf battu avec un filet d'eau. Mettez au four pendant 15 minutes jusqu'à ce que les sablés soient dorés.

Dans un saladier, mélangez le beurre avec l'édulcorant à l'aide d'un fouet. Ajoutez les œufs puis le zeste de citron. Mélangez. Incorporez la farine. Mélangez bien le tout.
Faites une boule. Mettez-la au réfrigérateur dans du papier film pendant 30 minutes.
Préchauffez le four à 150 °C (thermostat 5).
Étalez la pâte au rouleau avec un peu de farine sur le plan de travail jusqu'à obtenir une épaisseur de 1 cm environ.
Découpez-y des ronds à l'aide d'un verre.
Déposez-les sur la plaque. Formez des croisillons avec une fourchette et dorez-les au pinceau avec le jaune d'œuf battu avec un filet d'eau. Mettez au four pendant 15 minutes jusqu'à ce que les sablés soient dorés.

Le conseil de Sophie :

Vous pouvez remplacer le citron par de l'orange ou ajouter des pépites de chocolat.

Le conseil de Sophie :

N'hésitez pas à faire toutes les formes de sablés que vous désirez : cœurs, lettres, étoiles… à l'aide d'emporte-pièce.

La pâte se congèle très bien. Vous pouvez également conserver 15 jours vos sablés dans une boîte hermétique.

Tout chocolat !

moelleux au chocolat .... p. 39
charlotte au chocolat .... p. 41
profiteroles .... p. 44
reine de Saba .... p. 47
éclairs au chocolat .... p. 49

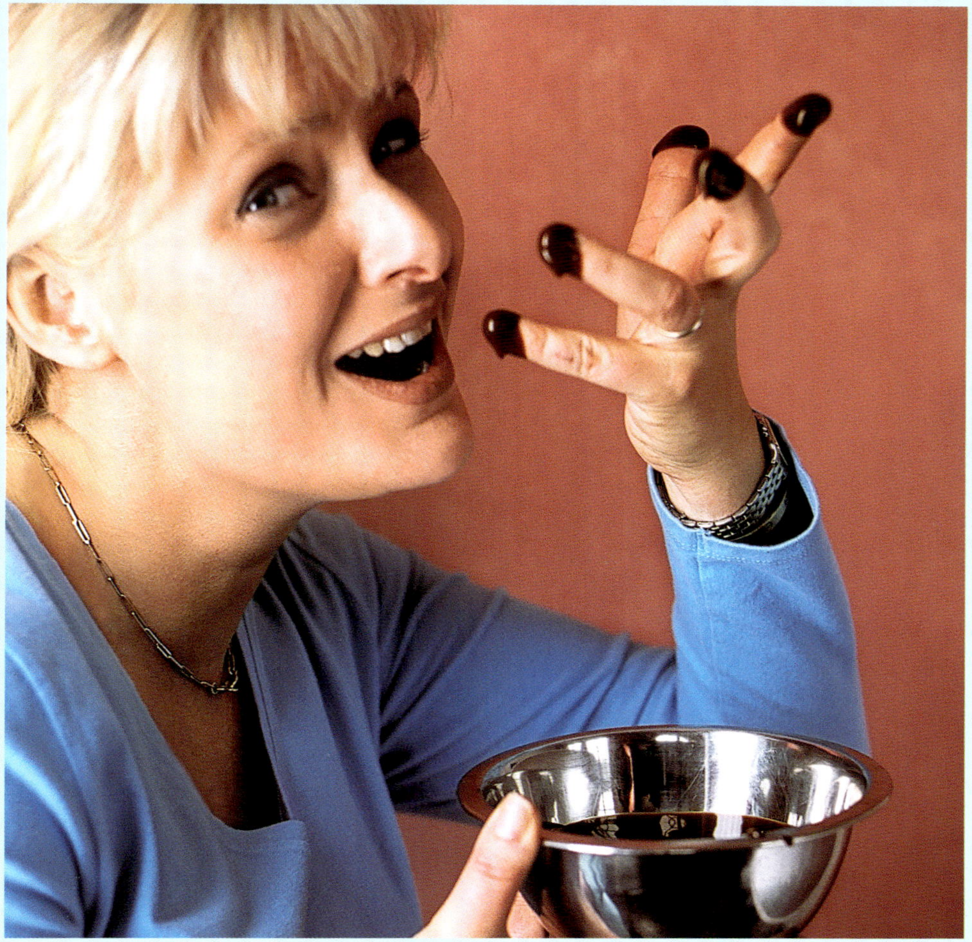

200 g de chocolat noir
125 g de beurre demi-sel
allégé à 41 %
125 g de farine avec
poudre levante incorporée
ou 125 g de farine et
1/3 de sachet de levure chimique
6 œufs entiers
3 cuillerées à soupe
d'édulcorant

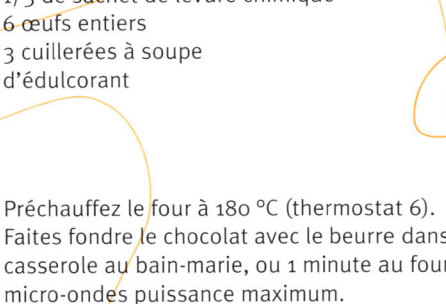

Préchauffez le four à 180 °C (thermostat 6).
Faites fondre le chocolat avec le beurre dans une casserole au bain-marie, ou 1 minute au four à micro-ondes puissance maximum.
Mélangez et versez-le dans un saladier.
Laissez tiédir.
Séparez les blancs des jaunes d'œufs.
Mélangez le chocolat fondu avec les jaunes.
Ajoutez la farine. Mélangez.
Battez les blancs en neige ferme. Ajoutez l'édulcorant et continuez à fouetter 5 secondes environ. Incorporez-les délicatement au mélange chocolat à l'aide d'une spatule.
Versez le tout dans le moule.
Mettez au four pendant 15 minutes.
Laissez refroidir complètement avant de démouler.

Le conseil de Sophie :
Vous pouvez accompagner ce gâteau
d'une crème anglaise allégée (voir recette p. 13).

moelleux au chocolat

1 moule à manqué de 22 cm
Pour 6 personnes

200 g de chocolat noir
125 g de beurre demi-sel mou
125 g de farine avec poudre levante incorporée
ou 125 g de farine et 1/3 de sachet de levure chimique
4 œufs entiers
200 g de sucre semoule

Préchauffez le four à 180 °C (thermostat 6).
Faites fondre le chocolat avec le beurre dans une casserole au bain-marie, ou 1 minute au four à micro-ondes puissance maximum.
Mélangez et versez-le dans un saladier. Laissez tiédir.
Ajoutez la farine, mélangez.
Séparez les blancs des jaunes d'œufs.
Dans un saladier, mélangez 150 g de sucre aux jaunes d'œufs. Incorporez-les au chocolat.
Battez les blancs en neige ferme. Ajoutez le sucre restant et continuez à fouetter 20 secondes environ jusqu'à ce qu'ils soient brillants. Incorporez-les délicatement au mélange chocolat à l'aide d'une spatule.
Versez le tout dans le moule à manqué.
Mettez au four pendant 15 minutes.
Laissez refroidir complètement avant de démouler.

Le conseil de Sophie :

Vous pouvez ajouter à la pâte, avant la cuisson, 50 g de noix, de noisettes, d'écorces d'orange confite, d'amandes...

Vous pouvez déguster ce gâteau le jour même ou le conserver au réfrigérateur pour le lendemain : dans ce cas, l'intérieur aura la consistance d'une pâte à truffes.

20 biscuits à la cuillère
250 g de chocolat noir
50 g de beurre
4 œufs entiers
50 g de sucre glace

Pour le sirop :
Le jus de 2 oranges
10 cl de sirop de sucre de canne

Dans une assiette creuse, mélangez le jus d'orange et le sirop. Trempez rapidement un à un les biscuits dans ce mélange et disposez-les au fur et à mesure dans le fond et sur les bords du moule.
Il doit vous en rester quelques-uns pour recouvrir la charlotte à la fin.
Dans un saladier, mettez le chocolat cassé en morceaux et le beurre.
Faites fondre le tout au bain-marie dans une casserole, ou 1 minute puissance maximum au micro-ondes . Mélangez et laissez tiédir.
Séparez les blancs d'œufs des jaunes.
Ajoutez les jaunes au chocolat tiédi tout en remuant.
Battez les blancs en neige en ajoutant le sucre glace lorsqu'ils sont déjà fermes.
Incorporez-les délicatement à la crème.
Remplissez le moule à charlotte de la préparation et terminez par une couche de biscuits.
Placez la charlotte au réfrigérateur pendant au moins 12 heures.
Pour démouler la charlotte, plongez le moule 3 secondes dans de l'eau chaude puis renversez-la sur un plat.
Vous pouvez accompagner la charlotte d'une crème anglaise (voir recette p. 12).

charlotte au chocolat

1 moule à charlotte de 18 cm
Pour 8 personnes

20 biscuits à la cuillère
250 g de chocolat noir
100 g de beurre allégé à 41 %
6 blancs d'œufs (210 g)
3 cuillerées à soupe
d'édulcorant en poudre

Pour le trempage des biscuits :
Le jus de 3 oranges

Trempez rapidement un à un les biscuits dans le jus d'orange et disposez-les au fur et à mesure dans le fond et sur les bords du moule. Il doit vous en rester quelques-uns pour recouvrir la charlotte à la fin.
Dans un saladier, mettez le chocolat cassé en morceaux et le beurre. Faites fondre le tout au bain-marie dans une casserole, ou 1 minute puissance maximum au micro-ondes. Mélangez et laissez tiédir.
Battez les blancs en neige en ajoutant l'édulcorant lorsqu'ils sont déjà fermes. Incorporez-les délicatement au chocolat. Remplissez le moule à charlotte de la préparation et terminez par une couche de biscuits.
Placez la charlotte au réfrigérateur pendant au moins 12 heures.
Pour démouler la charlotte, plongez le moule 3 secondes dans de l'eau chaude puis renversez-la sur un plat.
Vous pouvez accompagner la charlotte d'une crème anglaise allégée (voir recette p. 13).

Le conseil de Sophie :
Vous pouvez remplacer le jus d'orange par 30 cl de café.

Tout chocolat !

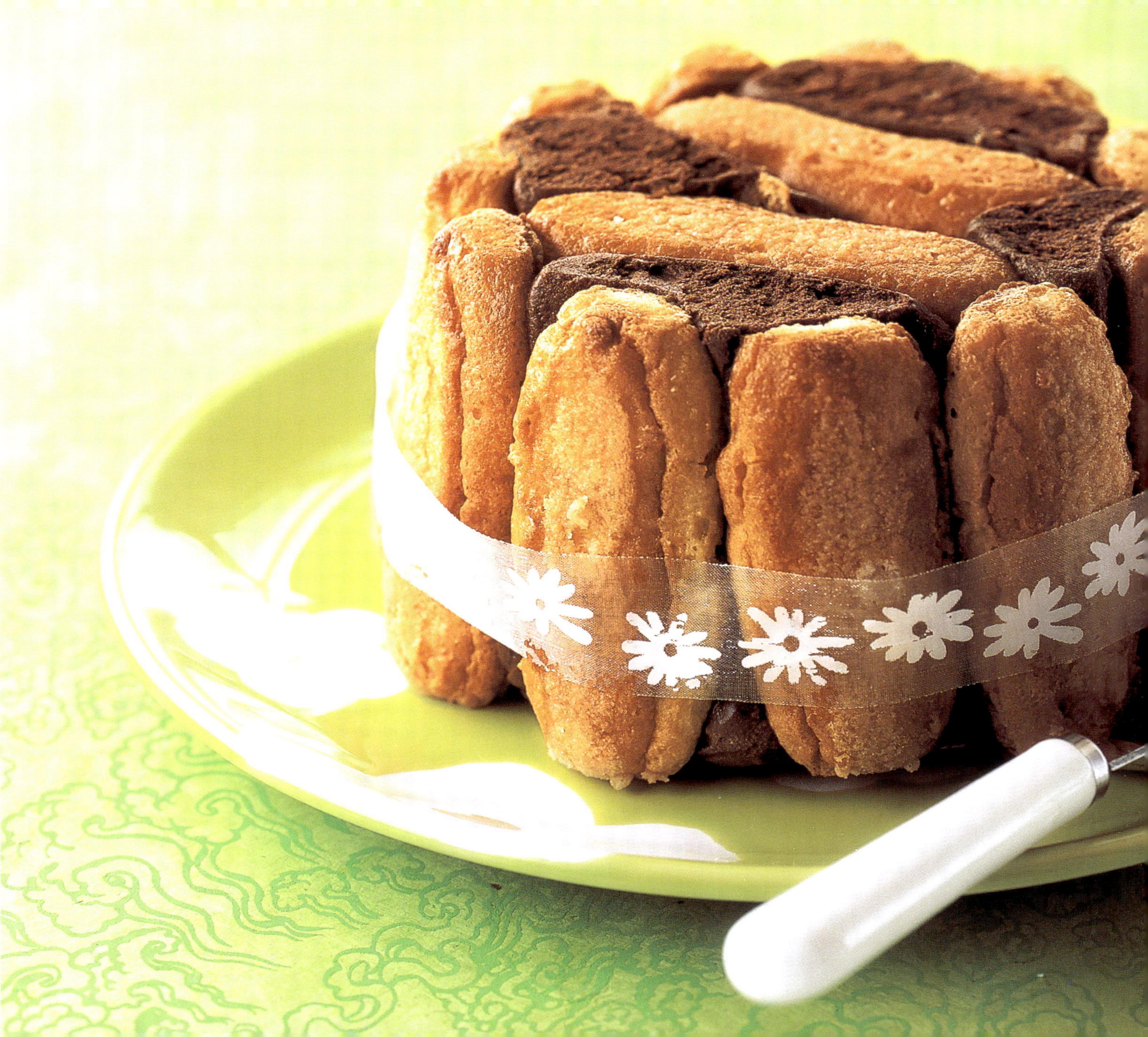

Le conseil de Sophie :

Vous pouvez rajouter 50 g de zestes d'orange confite à la préparation chocolat."

Pâte à choux
(voir recette p. 11)
1 litre de glace vanille
achetée ou maison
(voir recette p. 86)

Pour la sauce au chocolat :
200 g de chocolat noir
25 cl de crème liquide
40 g de beurre

Réaliser la pâte à choux et faites cuire les choux.
Cassez le chocolat en morceaux. Ajoutez la crème. Faites fondre au micro-ondes puissance maximum pendant 1 minute. Mélangez et incorporez le beurre.
Au moment de servir, ouvrez les chouquettes en deux. Déposez 3 chouquettes sur chaque assiette. Sur la base de chacune d'elle, mettez une boule de glace à la vanille. Recouvrez les chouquettes de leur chapeau.
Nappez-les de sauce au chocolat chaude et servez immédiatement.

Le conseil de Sophie :

Pour les fondus de chocolat, vous pouvez remplacer la glace vanille
par de la glace chocolat et parsemer les chouquettes d'amandes effilées grillées.

profiteroles

Pour 6 personnes : 18 chouquettes ou petits choux maison

Réaliser la pâte à choux et faites cuire les choux.
Cassez le chocolat en morceaux. Ajoutez la crème. Faites fondre au four à micro-ondes puissance maximum pendant 1 minute. Mélangez.
Au moment de servir, ouvrez les choux en 2. Déposez 3 choux sur chaque assiette. Sur la base de chacun d'eux, mettez une boule de glace vanille. Recouvrez les choux de leur chapeau.
Nappez-les de sauce au chocolat chaude et servez immédiatement.

Le conseil de Sophie :

Vous pouvez trouver dans les magasins de produits surgelés de
la glace allégée. Vous pouvez préparer la sauce au chocolat à l'avance,
gardez-la chaude au bain-marie

Pâte à choux allégée
(voir recette p. 11)
1 litre de glace vanille
allégée (voir recette p. 86)

Pour la sauce au chocolat :
200 g de chocolat noir
25 cl de crème liquide
allégée à 4 %

Les desserts de Sophie - Collection printemps-été

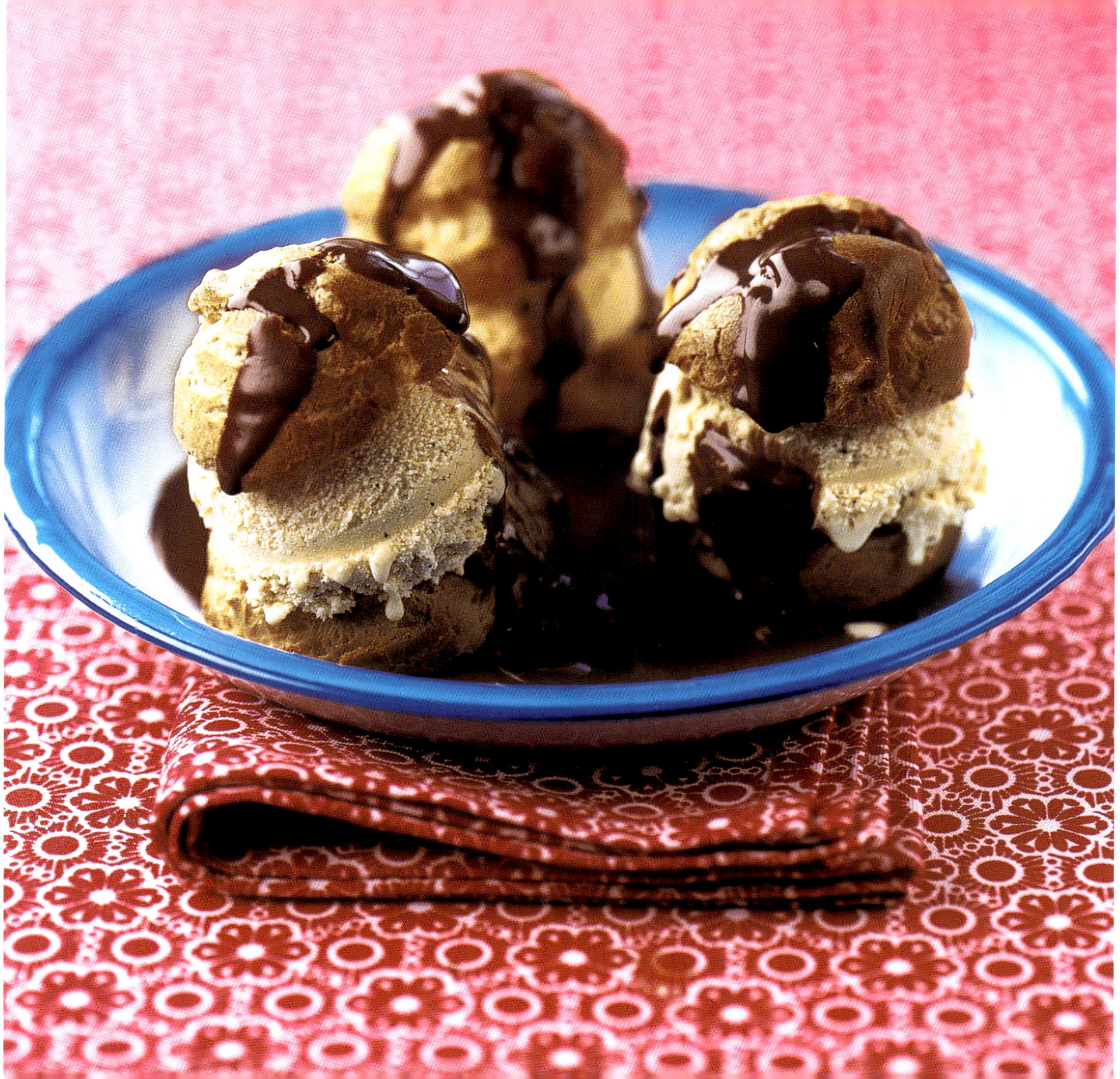

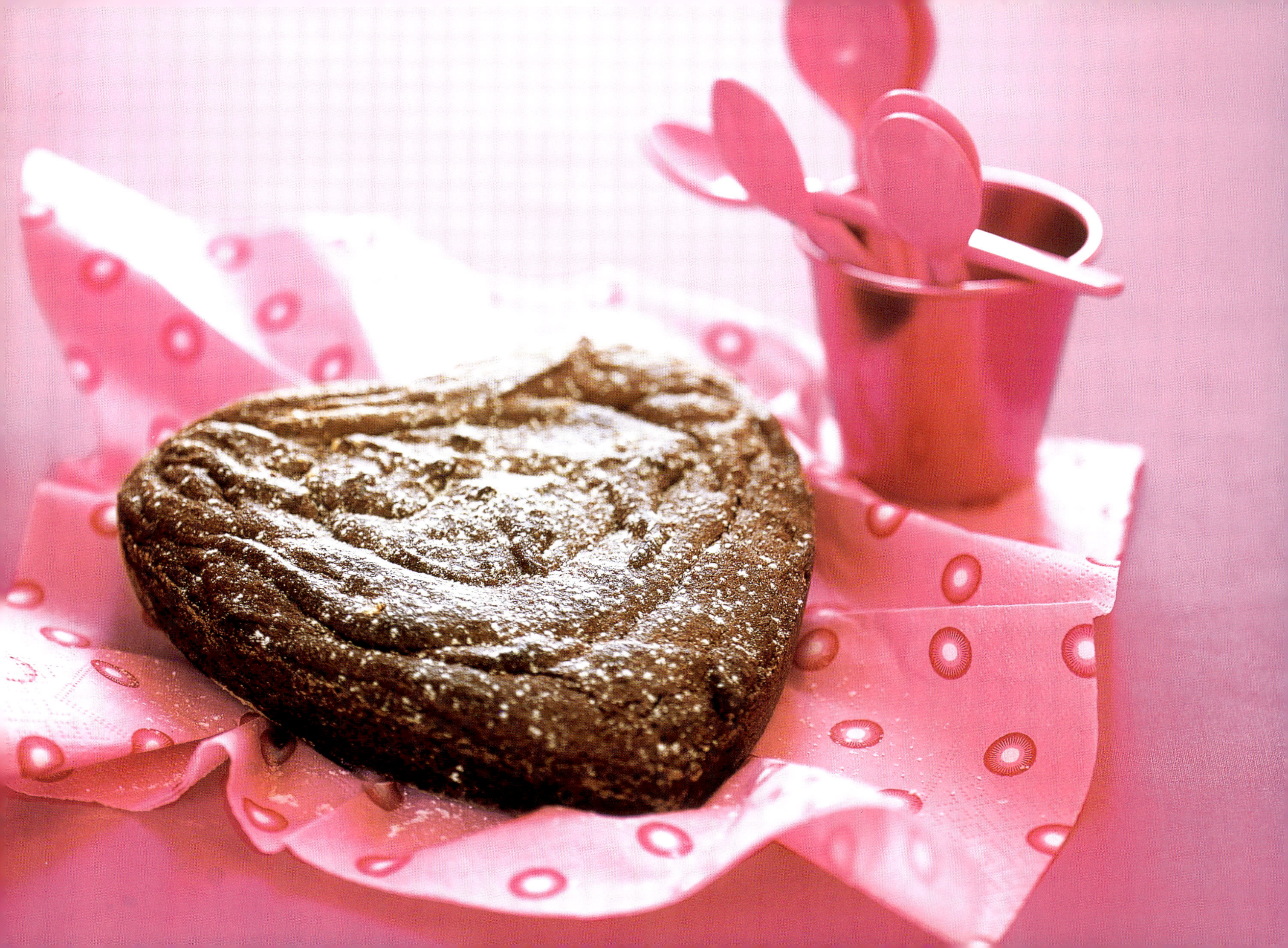

reine de Saba

200 g de chocolat noir
125 g de beurre allégé à 41 %
5 œufs entiers
3 cuillerées à soupe d'édulcorant
100 g de farine
50 g de poudre d'amandes

1 moule à manqué de 22 cm
Pour 8 personnes

Préchauffez le four à 180 °C (thermostat 6).
Faites fondre le chocolat cassé en morceaux avec le beurre au micro-ondes puissance maximum pendant 1 minute 30.
Mélangez et laissez tiédir.
Séparez les blancs des jaunes d'œufs.
Dans un saladier, battez les jaunes d'œufs avec l'édulcorant. Mélangez le chocolat fondu aux jaunes d'œufs battus. Ajoutez la farine et la poudre d'amandes sans cesser de remuer à l'aide d'une cuillère en bois.
Battez les blancs en neige ferme et incorporez-les délicatement mais rapidement à la préparation précédente.
Versez dans le moule et mettez au four pendant 20 minutes.
Laissez refroidir avant de démouler.

Le conseil de Sophie :

Vous pouvez ajouter à la préparation 200 g de cerises dénoyautées.

---

200 g de chocolat noir
125 g de beurre mou
3 œufs entiers
150 g de sucre semoule
100 g de farine
80 g de poudre d'amandes
2 cuillerées à soupe de sucre glace

Préchauffez le four à 180 °C (thermostat 6).
Faites fondre le chocolat cassé en morceaux avec le beurre soit au bain-marie, soit au micro-ondes puissance maximum pendant 1 minute 30.
Mélangez et laissez tiédir.
Séparez les blancs des jaunes d'œufs.
Dans un saladier, battez les jaunes avec le sucre.
Mélangez le chocolat fondu aux jaunes d'œufs battus. Ajoutez la farine et la poudre d'amandes, sans cesser de remuer, à l'aide d'une cuillère en bois.
Battez les blancs en neige ferme et incorporez-les délicatement mais rapidement à la préparation précédente.
Versez dans le moule et mettez au four pendant 20 minutes. Laissez refroidir avant de démouler.
Saupoudrez de sucre glace.

Le conseil de Sophie :

Vous pouvez rajouter à la préparation 50 g de noix, de poudre de noix de coco ou d'écorces d'orange confite...

Tout chocolat !

Le conseil de Sophie :

Il est préférable de manger les éclairs le jour même, mais vous devez les préparer suffisamment à l'avance pour pouvoir les manger très froids.

Pour 14 éclairs

Pâte à choux (voir recette p. 11)
Crème pâtissière (voir recette p. 15)
150 g de chocolat noir

Pour le glaçage :
50 g de chocolat noir
5 cl de crème fraîche liquide
20 g de sucre semoule
2 cuillerées à soupe d'eau

Réalisez la pâte à choux et faites cuire les éclairs. Déposez-les sur une grille à la sortie du four et laissez-les refroidir.
Faites la crème pâtissière et ajoutez dans la crème encore chaude, en trois fois, le chocolat préalablement haché. Laissez refroidir.
Pendant ce temps, préparez le glaçage : dans une casserole, portez à ébullition l'eau et le sucre. Réservez.
Faites fondre le chocolat avec la crème au micro-ondes puissance maximum pendant 1 minute. Mélangez. Versez ensuite le sirop sur la crème au chocolat. Mélangez.
Coupez les éclairs en deux sur toute la longueur à l'aide de ciseaux afin d'obtenir une base et un chapeau. Garnissez la base de chaque éclair de crème pâtissière au chocolat à la poche à douille ou à la cuillère. Placez les chapeaux par-dessus. Nappez le dessus des chapeaux avec le glaçage à l'aide d'un pinceau. Réservez au frais.

éclairs au chocolat

Pour 10 éclairs

Pâte à choux allégée
(voir recette p. 11)
Crème pâtissière allégée
(voir recette p. 15)
100 g de chocolat noir

Pour le glaçage :
50 g de chocolat noir
5 cl de crème fraîche
liquide légère

Réalisez la pâte à choux et faites cuire les éclairs.
Déposez-les sur une grille à la sortie du four et laissez-les refroidir.
Faites la crème pâtissière et ajoutez dans la crème chaude,
en trois fois, le chocolat préalablement haché.
Laissez refroidir.
Pendant ce temps, préparez le glaçage : faites fondre le chocolat
avec la crème au micro-ondes puissance maximum pendant
1 minute. Mélangez.
Coupez les éclairs en deux sur toute la longueur à l'aide
de ciseaux afin d'obtenir une base et un chapeau.
Garnissez la base de chaque éclair de crème pâtissière
au chocolat à la poche à douille ou à la cuillère. Placez
les chapeaux par-dessus.
Nappez le dessus des chapeaux avec le glaçage à l'aide
d'un pinceau. Réservez au frais.

Le conseil de Sophie :
Vous pouvez réaliser différentes sortes de glaçage pour
les choux, religieuses et éclairs au chocolat...
Pour l'écriture du prénom, utilisez un stylo pâtissier
que vous trouverez au rayon «aide-culinaire».

Tout chocolat !

Que de fruits !

pannacotta aux kiwis .... p. 52
mille-feuille aux fruits .... p. 54
fondue au chocolat .... p. 58
crumble aux pêches .... p. 61
pie à la rhubarbe .... p. 63
pomme de Vénus .... p. 68
bavarois à la fraise .... p. 70
mousse aux framboises .... p. 72
tiramisu aux cerises .... p. 75
gratin de fruits au sabayon .... p. 77

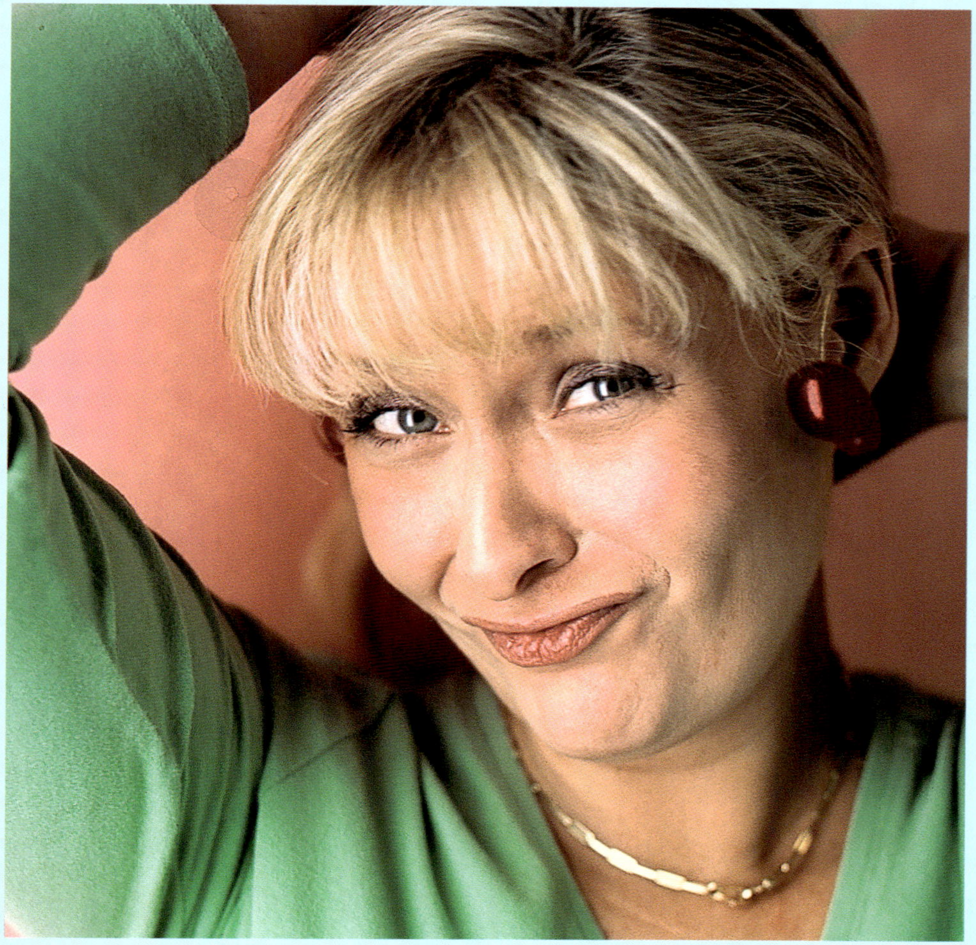

pannacotta aux kiwis

6 ramequins
Pour 6 personnes

75 cl de crème liquide
60 g de sucre roux
1 cuillerée à café
de vanille en poudre
2 feuilles de gélatine (4 g)

Pour la purée de kiwis :
6 kiwis
Le zeste d'un demi-citron
50 g de sucre glace
5 feuilles de menthe

Faites tremper les feuilles de gélatine dans un bol d'eau froide.
Dans une casserole, mettez la crème, le sucre et la vanille et portez à ébullition à feu doux.
Laissez tiédir. Incorporez à la crème les feuilles de gélatine essorées. Laissez refroidir tout en remuant de temps en temps.
Répartissez la préparation dans les ramequins et mettez au frigo pendant une nuit.
Préparez la purée de kiwis : épluchez et coupez les kiwis en quatre. Mixez-les avec le citron, le sucre et la menthe. Versez le coulis dans une passoire fine au-dessus d'un saladier.
Démoulez la pannacotta à l'aide d'un petit couteau. Servez-la avec la purée de kiwis autour.

Le conseil de Sophie :
Vous pouvez agrémenter la pannacotta d'une sauce au chocolat.

Les desserts de Sophie - Collection printemps-été

75 cl de crème liquide allégée à 4 %
3 cuillerées à soupe d'édulcorant en poudre
1 gousse de vanille
2 feuilles de gélatine (4 g)

Pour la purée de kiwis :
6 kiwis
Le zeste d'un demi-citron
2 cuillerées à soupe d'édulcorant en poudre
5 feuilles de menthe

Faites tremper les feuilles de gélatine dans un bol d'eau froide.
Dans une casserole, mettez la crème et la gousse de vanille fendue en deux dans la longueur. Portez à ébullition à feu doux.
Laissez tiédir. Retirez la gousse de vanille et incorporez à la crème les feuilles de gélatine essorées et l'édulcorant.
Laissez refroidir tout en remuant de temps en temps. Répartissez la préparation dans les ramequins et mettez au frigo pendant une nuit.
Préparez la purée de kiwis : épluchez et coupez les kiwis en quatre. Mixez-les avec le citron, l'édulcorant et la menthe. Versez le coulis dans une passoire fine au-dessus d'un saladier.
Démoulez la pannacotta à l'aide d'un petit couteau. Servez-la avec la purée de kiwis autour.

Le conseil de Sophie :
Vous pouvez remplacer la vanille par de la fleur d'oranger, de l'eau de rose, de l'extrait d'amandes, de l'amaretto... N'hésitez pas à utiliser comme moules des coupes à glace, des verres...

Que de fruits !

mille-feuille aux fruits

1 plaque en silicone ou du papier sulfurisé pour la cuisson
Pour 6 personnes

6 feuilles de brick
1 ananas victoria
1 mangue
3 pêches
1 melon
25 cl de jus d'ananas
Le zeste et le jus
d'une orange
4 cuillerées à soupe
de miel
1 pincée de gingembre
en poudre
2 pincées de cannelle
en poudre
1 cuillerée à soupe
de beurre fondu
2 cuillerées à soupe
de sucre glace

Dans une casserole, mélangez le jus d'ananas, le jus d'orange, le zeste, le miel et les épices. Portez à ébullition puis faites réduire le mélange à feu doux pendant 10 minutes.
Épluchez et coupez les fruits en petits morceaux. Ajoutez-les, sur le feu, dans le jus réduit et faites-les mijoter encore 5 minutes.
Préchauffez le four à 180 °C (thermostat 6).
Découpez dans les feuilles de brick 12 rectangles (faites quelques rectangles de plus car ils sont fragiles) de 12 cm par 8 cm environ à l'aide de ciseaux.
Posez-les sur une plaque recouverte du papier sulfurisé et enduisez-les de beurre fondu à l'aide d'un pinceau des 2 côtés.
Faites-les dorer environ 3 minutes au four.
Votre four sera trop petit pour tous les rectangles, faites-les cuire en deux fois.
Étalez une couche de fruits sur chaque assiette, déposez un rectangle de brick dessus, puis une autre couche de fruits, et terminez par un second rectangle.
Saupoudrez de sucre glace et entourez le mille-feuille du sirop restant.
Servez immédiatement.

Les desserts de Sophie - Collection printemps-été

6 feuilles de brick
1 ananas victoria
1 mangue
3 pêches
1 melon
Le jus de 3 oranges
et le zeste d'une orange
3 cuillerées à soupe
d'édulcorant.
1 pincée de gingembre
en poudre
2 pincées de cannelle
en poudre
10 feuilles
de menthe fraîche

Dans une casserole, mélangez, le jus d'orange, le zeste, l'édulcorant, et les épices. Portez à ébullition puis faites réduire le mélange à feu doux pendant 10 minutes.
Épluchez et coupez les fruits en petits morceaux. Ajoutez-les, sur le feu, dans le jus réduit et faites-les mijoter encore 5 minutes.
Préchauffez le four à 180 °C (thermostat 6).
Découpez dans les feuilles de brick 12 rectangles (faites quelques rectangles de plus car ils sont fragiles) de 12 cm par 8 cm environ à l'aide de ciseaux. Posez-les sur une plaque recouverte du papier sulfurisé. Faites-les dorer environ 3 minutes au four. Votre four sera trop petit pour tous les rectangles, faites-les cuire en deux fois.
Étalez une couche de fruits sur chaque assiette, déposez un rectangle de brick dessus, puis une autre couche de fruits, et terminez par un second rectangle. Parsemez de menthe ciselée.
Servez immédiatement.

Que de fruits !

Le conseil de Sophie :

"Le montage est à faire au moment de servir. Néanmoins, vous pouvez préparer à l'avance les bricks et la compote de fruits. Vous pouvez également préparer plus de rectangles de brick et les superposer par 2 au moment du dressage."

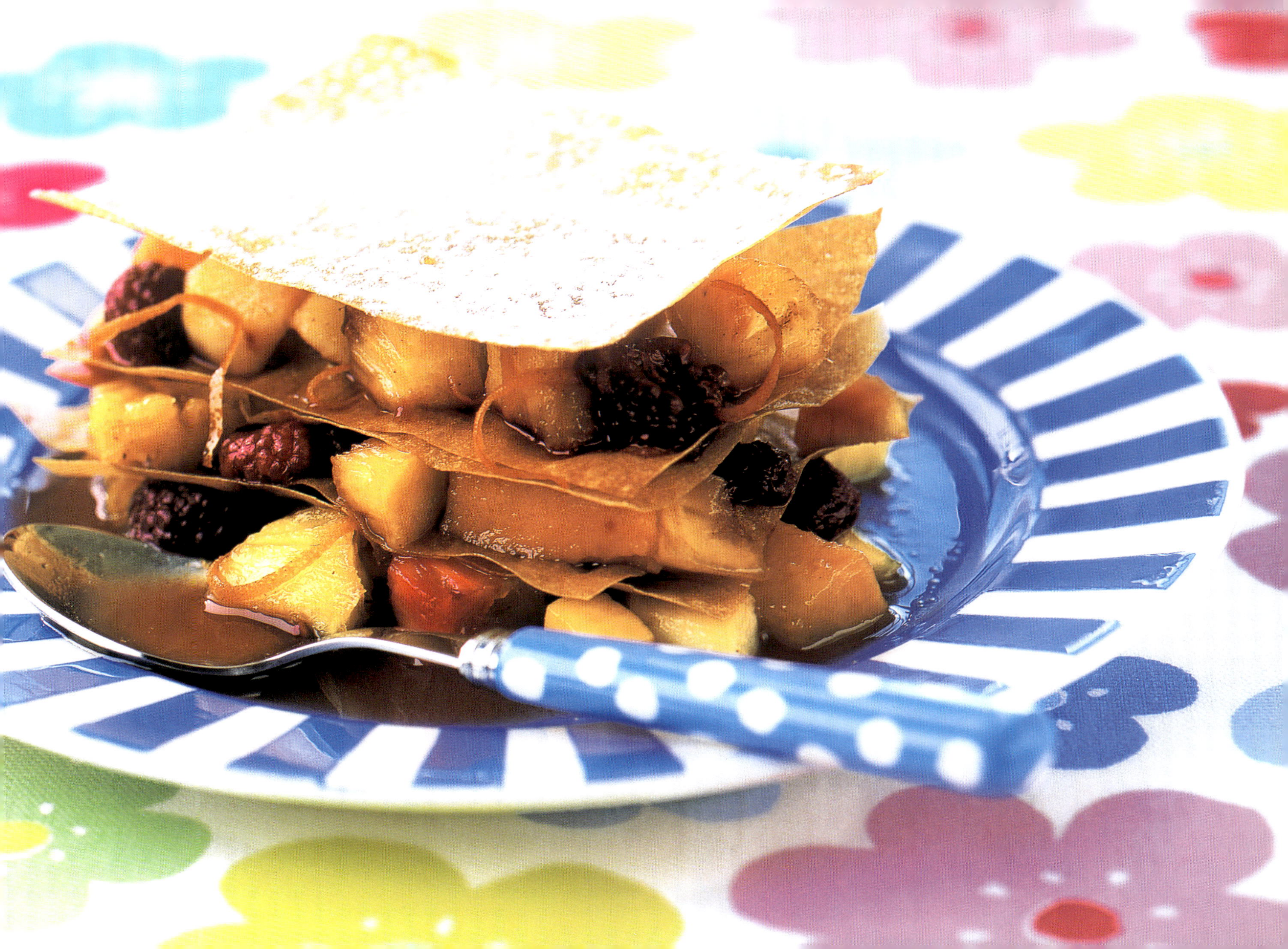

2 bananes
2 pêches
1 ananas victoria
12 fraises
1 melon

Pour la sauce au chocolat :
200 g de chocolat noir
25 cl de crème liquide

fondue au chocolat

Pour 6 personnes

Lavez, épluchez si nécessaire les fruits et coupez-les en morceaux.
Disposez-les sur 6 assiettes individuelles.
Faites fondre le chocolat et la crème liquide dans une casserole
au bain-marie, ou 1 minute 30 au micro-ondes puissance maximum.
Mélangez et répartissez dans 6 petits verres ou ramequins
que vous déposerez au centre de l'assiette parmi les fruits.
Servez immédiatement.
Chacun piquera ses morceaux de fruits au bout d'une petite fourchette
et les trempera dans le chocolat.

Le conseil de Sophie :
Vous pouvez ajouter aux fruits quelques morceaux de brioche,
de cake ou de pain d'épice.

2 pêches
1 ananas victoria
12 fraises
1 melon

Pour la sauce au chocolat :
200 g de chocolat noir
25 cl de crème liquide allégée

Variante :
Pour le coulis de fruits rouges :
200 g de fruits rouges frais ou surgelés
3 cuillerées à soupe d'édulcorant
Le jus d'un demi-citron

Lavez, épluchez si nécessaire les fruits et coupez-les en morceaux. Disposez-les sur 6 assiettes individuelles.

Vous avez le choix entre 2 fondues.

Au chocolat :
Faites fondre le chocolat et la crème liquide dans une casserole au bain-marie, ou 1 minute 30 au micro-ondes puissance maximum. Mélangez.

Aux fruits rouges :
Mixez les fruits avec le jus de citron et l'édulcorant. Versez dans une passoire au-dessus d'un saladier si vous ne désirez pas de pépins.

Répartissez la fondue de votre choix dans 6 petits verres ou ramequins que vous déposerez au centre de l'assiette parmi les fruits. Servez immédiatement.
Chacun piquera ses morceaux de fruits au bout d'une petite fourchette et les trempera dans le chocolat ou le coulis de fruits rouges.

Que de fruits !

Le conseil de Sophie :
Vous pouvez remplacer les ingrédients de la pâte à crumble par une dizaine de biscuits de régime de votre choix écrasés grossièrement sur une compote de fruits sans sucre. Ce crumble se présente idéalement dans des verres.

crumble aux pêches

6 pêches
100 g de beurre
demi-sel allégé à 41 %.
4 cuillerées
à soupe d'édulcorant
100 g de farine
20 g de poudre d'amandes
1 jaune d'œuf
1 sachet de sucre vanillé

Plat à gratin
Pour 6 personnes

Préchauffez le four à 180 °C (thermostat 6).
Pelez les pêches et découpez-les en morceaux.
Disposez-les dans le plat préalablement beurré.
Dans un saladier, coupez le beurre en petits
morceaux et mélangez-le du bout des doigts avec
l'édulcorant, la farine, les amandes et le jaune
jusqu'à l'obtention d'une pâte granuleuse.
Étalez-la uniformément sur les fruits et saupoudrez
de sucre vanillé.
Placez le plat dans le four pendant environ
30 minutes. Le crumble doit être doré sur le dessus.
Laissez refroidir à température ambiante.
Le crumble ne se démoule pas.

Le conseil de Sophie :

Vous pouvez utiliser tous les fruits surgelés.
Ne les décongelez pas avant utilisation.

Vous pouvez congeler aussi la pâte à crumble,
la sortir au moment de l'utilisation et la râper
sur les fruits.

6 pêches
100 g de beurre demi-sel
100 g de sucre glace ou de
cassonade
100 g de farine
20 g d'amandes en poudre
1 jaune d'œuf
1 sachet de sucre vanillé

Préchauffez le four à 180 °C (thermostat 6).
Pelez les pêches et découpez-les en morceaux. Disposez-les dans
le plat préalablement beurré.
Dans un saladier, coupez le beurre bien froid en petits morceaux et
mélangez-le du bout des doigts et non au robot avec le sucre, la farine,
les amandes et le jaune d'œuf jusqu'à l'obtention d'une pâte granuleuse.
Étalez-la uniformément sur les fruits et saupoudrez de sucre vanillé.
Placez le plat dans le four pendant environ 30 minutes.
Le crumble doit être doré sur le dessus.
Laissez refroidir à température ambiante.
Le crumble ne se démoule pas.

Que de fruits !

2 pâtes brisées prêtes à dérouler
ou 2 pâtes brisées croustillantes maison
(voir recette p. 10)
1,5 kg de rhubarbe
200 g de sucre roux
Le jus d'un citron
5 galettes bretonnes écrasées
1 jaune d'œuf
1 cuillerée à café de cannelle en poudre
1 cuillerée à café de gingembre en poudre
1/2 cuillerée à café de muscade râpée

Préchauffez le four à 200 °C (thermostat 6/7).
Épluchez la rhubarbe à l'aide d'un économe.
Dans un saladier, coupez-la en morceaux de 2 à 3 cm. Ajoutez le sucre, les épices et le jus de citron. Mélangez et laissez macérer le tout à température ambiante pendant 2 heures ou même la veille.
Égouttez bien la rhubarbe.
Étalez la première pâte (en gardant le papier de cuisson) sur le fond du moule. Laissez déborder les côtés. Répartissez les galettes émiettées sur la pâte et étalez les morceaux de rhubarbe.
Recouvrez la préparation de la deuxième pâte à tarte et soudez les deux pâtes avec les doigts. Dessinez des motifs à l'aide d'une fourchette puis dorez au pinceau avec le jaune d'œuf battu avec un filet d'eau. Faites un petit trou au centre et introduisez un petit morceau de papier sulfurisé roulé pour former une cheminée.
Mettez au four environ 40 minutes.
Démoulez aussitôt sur une grille et retirez la cheminée.
Servez tiède ou froid.

Le conseil de Sophie :

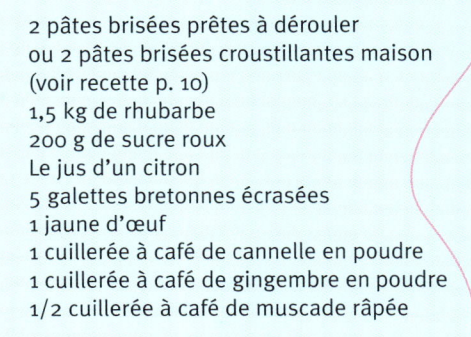

Si la pie est servie tiède, on peut verser 10 cl de crème liquide dans la cheminée juste au sortir du four. Inclinez alors le moule dans tous les sens pour qu'elle se répartisse bien à l'intérieur.

pie à la rhubarbe

1 moule à manqué de 22 cm
Pour 6 personnes

Préchauffez le four à 200 °C (thermostat 6/7).
Épluchez la rhubarbe à l'aide d'un économe.
Dans un saladier, coupez-la en morceaux de 2 à 3 cm. Ajoutez l'édulcorant, les épices et le jus de citron. Mélangez et laissez macérer le tout à température ambiante pendant 2 heures ou même la veille.
Égouttez bien la rhubarbe.
Étalez la première pâte (en gardant le papier de cuisson) sur le fond du moule. Laissez déborder les côtés. Répartissez la chapelure sur la pâte et étalez les morceaux de rhubarbe.
Recouvrez la préparation de la deuxième pâte à tarte et soudez les deux pâtes avec les doigts. Dessinez des motifs à l'aide d'une fourchette puis dorez au pinceau avec le jaune d'œuf battu avec un filet d'eau. Faites un petit trou au centre et introduisez un petit morceau de papier sulfurisé roulé pour former une cheminée.
Mettez au four environ 40 minutes.
Démoulez aussitôt sur une grille et retirez la cheminée.
Servez tiède ou froid.

2 pâtes brisées allégées prêtes à dérouler ou
2 pâtes brisées croustillantes allégées maison
(voir recette p. 10)
1,5 kg de rhubarbe
6 cuillerées à soupe d'édulcorant en poudre
Le jus d'un citron
3 cuillerées à soupe de chapelure
1 jaune d'œuf
1 cuillerée à café de cannelle en poudre
1 cuillerée à café de gingembre en poudre
1/2 cuillerée à café de muscade râpée

Que de fruits !

Les desserts de Sophie - Collection printemps-été

Que de fruits ! 65

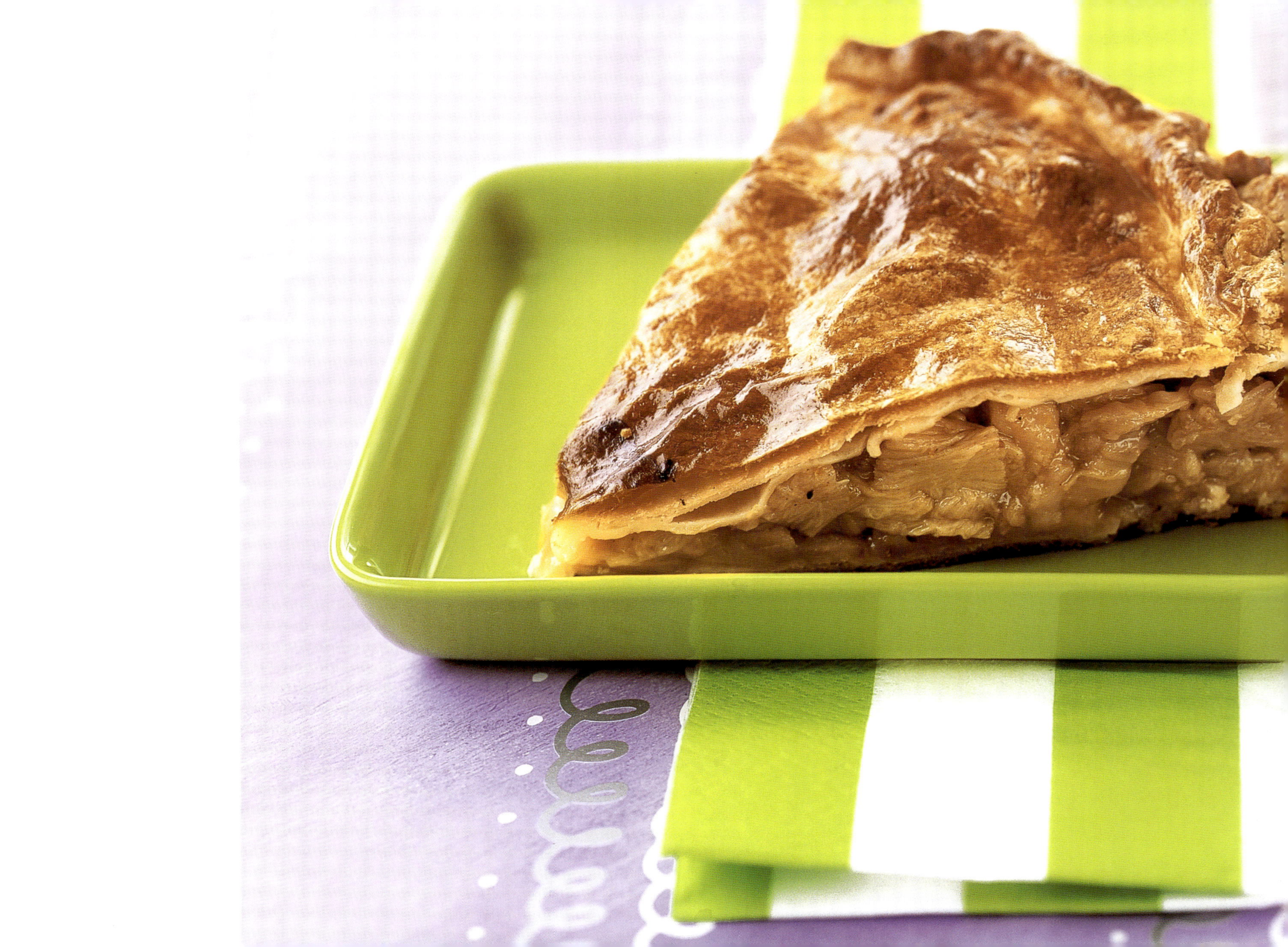

Le conseil de Sophie :

Il est indispensable de former une cheminée au milieu de la pâte afin d'évacuer la vapeur. Il faut aussi impérativement démouler la pie sur une grille pour éviter que la pâte s'humidifie."

pomme de Vénus

Pour 6 personnes

8 brugnons ou nectarines mûrs
500 g de ricotta
100 g de sucre semoule
12 petits macarons fourrés
au parfum de votre choix
10 d'amandes effilées

Épluchez et dénoyautez les brugnons. Coupez-les en quatre et mixez la moitié des fruits avec la ricotta et le sucre.
Émiettez grossièrement les macarons.
Coupez le reste des brugnons en dés et mélangez-les à la moitié des macarons.
Dans des coupes, des verres... superposez une couche de ricotta, quelques morceaux de macarons, une autre couche de ricotta et finissez par le macaron mélangé aux brugnons.
Dans une poêle antiadhésive, faites griller vos amandes effilées à feu moyen tout en remuant pendant environ 30 secondes jusqu'à ce qu'elles soient dorées.
Parsemez-en les fruits. Mettez au réfrigérateur 2 heures minimum.

Le conseil de Sophie :

Les brugnons et les nectarines sont des variétés de pêches à peau lisse obtenus par greffe du pêcher sur un prunier. Les brugnons ont des noyaux adhérents et les nectarines des noyaux qui se détachent facilement.

8 brugnons ou nectarines mûrs
500 g de ricotta
3 cuillerées à soupe d'édulcorant en poudre.
8 meringues achetées toutes faites
10 d'amandes effilées

Épluchez et dénoyautez les brugnons. Coupez-les en quatre et mixez la moitié des fruits avec la ricotta et l'édulcorant.
Émiettez grossièrement les meringues.
Coupez le reste des brugnons en dés et mélangez-les à la moitié des meringues.
Dans des coupes, des verres... superposez une couche de ricotta, quelques morceaux de meringue, une autre couche de ricotta et finissez par la meringue mélangée aux brugnons.
Dans une poêle antiadhésive, faites griller vos amandes effilées à feu moyen tout en les remuant pendant environ 30 secondes jusqu'à ce qu'elles soient dorées.
Parsemez-en les fruits. Mettez au réfrigérateur 2 heures minimum.

Le conseil de Sophie :
Évitez d'acheter des fruits jaunes non mûrs en espérant qu'ils mûrissent plus tard. Ils sont très fragiles et ne se conservent que 3 jours maximum à température ambiante. Évitez le réfrigérateur.

Que de fruits !

800 g de fraises
15 cl d'eau
200 g de sucre semoule
Le jus d'un citron
1 bombe de crème Chantilly
ou 25 cl de crème Chantilly
maison (voir recette p. 14)
6 feuilles de gélatine (12 g)

800 g de fraises
3 cuillerées à soupe d'édulcorant en poudre
Le jus d'un citron
1 bombe de crème Chantilly allégée
ou 25 cl de crème Chantilly allégée
maison (voir recette p. 15)
6 feuilles de gélatine (12 g)

bavarois à la fraise

1 moule à bavarois ou un moule à charlotte de 18 cm
Pour 6 personnes

Faites tremper la gélatine dans un bol d'eau froide.
Dans une casserole, portez l'eau et le sucre à ébullition.
Laissez tiédir et ajoutez-y la gélatine essorée. Mélangez.
Lavez et équeutez les fraises. Mixez-les avec le jus du citron.
Incorporez-les au sirop. Incorporez la chantilly au mélange
en fouettant. Versez la préparation dans le moule.
Mettez le tout au réfrigérateur pendant au moins 12 heures.
Pour démouler le bavarois, plongez le moule 3 secondes
dans de l'eau chaude puis renversez-le sur un plat.

Le conseil de Sophie :

Entouré de biscuits à la cuillère, le bavarois peut aussi
se présenter sous forme d'une charlotte (voir recette p. 41).
Alors, conservez 250 g de fraises coupées en quatre et
incorporez-les au mélange avant de le mettre dans le moule.

Faites tremper la gélatine dans un bol d'eau froide.
Lavez et équeutez les fraises. Mixez-les avec le jus du citron
et l'édulcorant.
Dans une casserole, faites tiédir la préparation et ajoutez-y
la gélatine essorée. Mélangez. Incorporez la chantilly au mélange
en fouettant. Versez la préparation dans le moule. Mettez le tout
au réfrigérateur pendant au moins 12 heures.
Pour démouler le bavarois, plongez le moule 3 secondes dans
de l'eau chaude puis renversez-le sur un plat.

Le conseil de Sophie :

Vous pouvez remplacer la crème Chantilly
par 200 g de fromage blanc à 0 %.

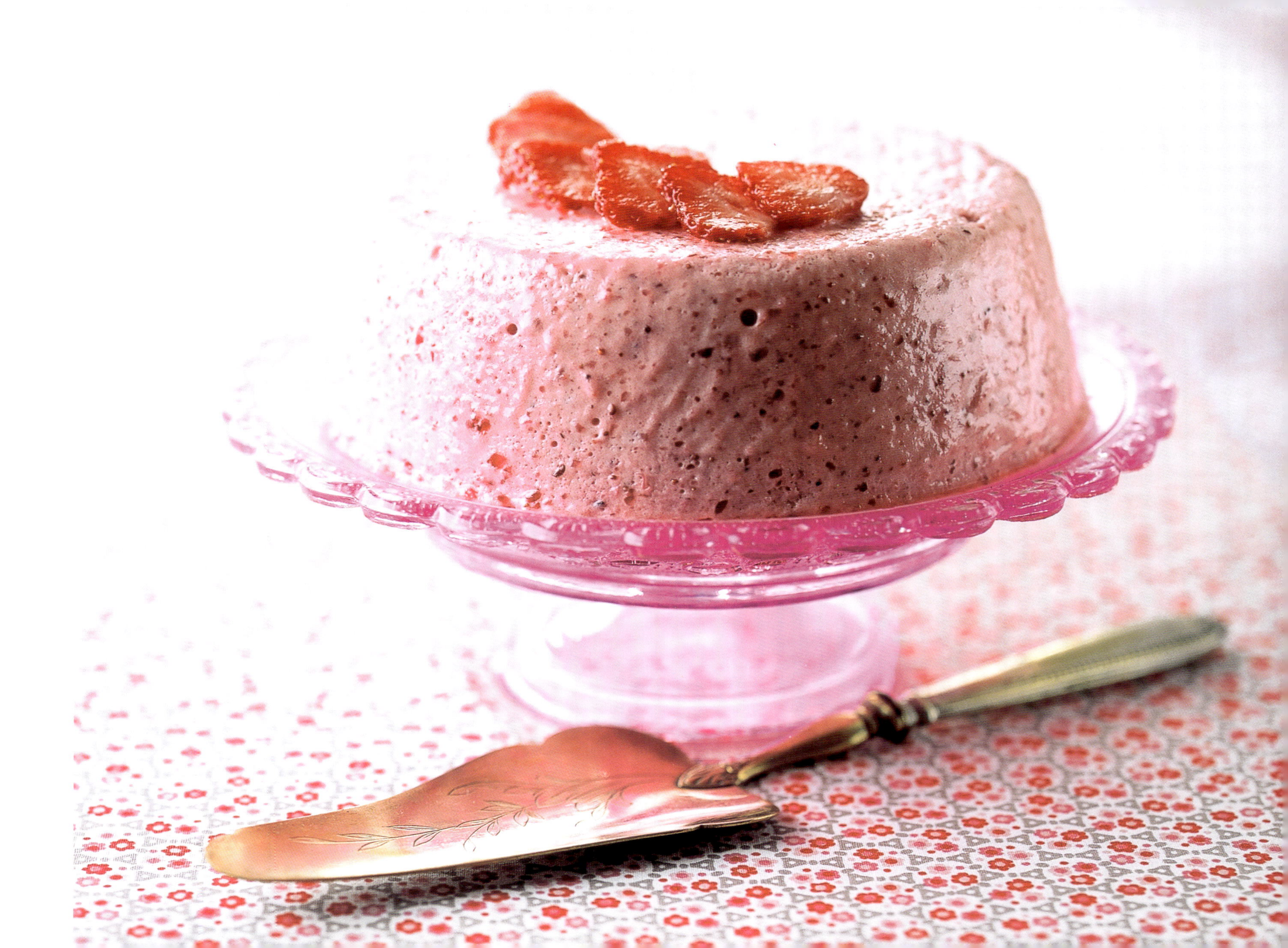

500 g de framboises
20 cl de crème liquide
allégée à 4 %
4 blancs d'œufs (140 g)
3 cuillerées à soupe
d'édulcorant en poudre
1 pincée de sel

mousse aux framboises

Pour 6 ramequins

Mixez les framboises.
Dans un saladier, mélangez la crème liquide et la purée de framboises.
Montez les blancs d'œufs en neige avec la pincée de sel,
puis ajoutez l'édulcorant sans cesser de battre.
Ajoutez-les délicatement à la préparation.
Remplissez les ramequins de mousse.
Laissez au réfrigérateur pendant 2 heures minimum.

Le conseil de Sophie :
Vous pouvez remplacer les framboises par des abricots.

500 g de framboises
20 cl de crème liquide
4 blancs d'œufs (140 g)
125 g de sucre semoule
1 pincée de sel

Mixez les framboises.
Dans un saladier, mélangez la crème liquide
et la purée de framboises.
Montez les blancs d'œufs en neige ferme
avec la pincée de sel, puis ajoutez
le sucre sans cesser de battre.
Ajoutez-les délicatement à la préparation.
Remplissez les ramequins de mousse.
Laissez au réfrigérateur pendant 2 heures
minimum.

Le conseil de Sophie :
Vous pouvez retirer les pépins en filtrant
les framboises mixées dans une passoire.

Que de fruits !

**Pour 8 verres
à whisky**

1 kg de cerises
dénoyautées fraîches
ou surgelées
3 cuillerées à soupe
d'édulcorant
8 biscuits à la cuillère

Pour la crème :
250 g de mascarpone
250 g de fromage
blanc à 0 %
5 œufs entiers
3 cuillerées à soupe
d'édulcorant

tiramisu aux cerises

Pour 8 personnes

Plat rectangulaire

1 kg de cerises dénoyautées fraîches ou surgelées
100 g de sucre semoule
15 biscuits à la cuillère
ou 10 biscuits de Reims
2 cuillerées à soupe de cacao non sucré

Pour la crème :
500 g de mascarpone
5 œufs entiers
50 g de sucre semoule

Dans une casserole, mettez les cerises avec 3 cuillerées à soupe d'édulcorant. Couvrez et laissez cuire à feu doux pendant environ 5 minutes.
Égouttez les cerises en conservant le jus.
Séparez les blancs des jaunes d'œufs. Montez les blancs en neige bien ferme.
Dans un saladier battez à l'aide d'un fouet le mascarpone, le fromage blanc les jaunes et l'édulcorant.
Ajoutez délicatement les blancs à ce mélange.
Versez le jus des cerises dans une assiette creuse. Trempez rapidement un à un les biscuits, puis au fond de chaque verre déposez la moitié d'un biscuit, une couche de crème au mascarpone puis une couche de cerises. Disposez par-dessus une autre moitié de biscuit et renouvelez l'opération.
Terminez par une couche de cerises.
Mettez le tiramisu au réfrigérateur pendant au moins 2 heures.
Ne le sortez qu'à la dernière minute.
Le tiramisu ne se démoule pas.

Le conseil de Sophie :

Vous pouvez remplacer les cerises par des framboises ou des fraises.

Dans une casserole, mettez les cerises avec 100 g de sucre. Couvrez et laissez cuire à feu doux pendant environ 5 minutes.
Déposez les biscuits un à un sur le fond d'un plat rectangulaire de manière à ce qu'ils le tapissent entièrement.
Égouttez les cerises en conservant le jus. Versez le jus sur les biscuits puis répartissez les cerises.
Séparez les blancs des jaunes d'œufs. Montez les blancs en neige bien ferme.
Dans un saladier, battez à l'aide d'un fouet le mascarpone, les jaunes et le reste du sucre. Ajoutez délicatement les blancs à ce mélange. Versez la préparation sur les biscuits et les fruits.
Mettez le tiramisu au réfrigérateur pendant au moins 2 heures.
Ne le sortez qu'à la dernière minute.
Saupoudrez de cacao.
Le tiramisu ne se démoule pas.

Le conseil de Sophie :

Vous pouvez réaliser cette recette dans des verres. Superposez alors par couches successives biscuits, fruits et crème. Il vous faudra alors moins de biscuits : environ 2 par verre.

Que de fruits !

250 g de fraises
2 pêches
125 g de framboises
125 g de fraises des bois

Pour le sabayon :
8 jaunes d'œufs
3 cuillerées à soupe d'édulcorant en poudre
2 cuillerées à soupe d'eau
Le jus de 1 orange

Lavez et équeutez les fraises, coupez-les en deux.
Pelez, dénoyautez et coupez les pêches en tranches.
Répartissez tous les fruits dans les 6 plats.
Peu avant de servir, préparez le sabayon.
Dans un saladier, battez les jaunes d'œufs avec l'édulcorant.
Ajoutez l'eau et le jus d'orange.
Faites cuire ce mélange au bain-marie en fouettant jusqu'à ce que la crème double de volume. Versez sur les fruits.
Placez la grille du four à mi-hauteur et allumez le gril.
Glissez les plats sur la grille environ 5 minutes jusqu'à ce qu'ils prennent une couleur dorée. Servez immédiatement.

Le conseil de Sophie :

Vous pouvez remplacer le sauternes par du pineau des Charentes, du pommeau ou bien 5 cl de Cointreau® ou de Grand Marnier®.

250 g de fraises
2 pêches
125 g de framboises
125 g de fraises des bois

Pour le sabayon :
6 jaunes d'œufs
150 g de sucre semoule
2 cuillerées à soupe d'eau
10 cl de sauternes
2 cuillerées à soupe
de sucre glace

gratin de fruits au sabayon

6 plats à crème brûlée ou plats à oreilles
Pour 6 personnes

Lavez et équeutez les fraises, coupez-les en deux.
Pelez, dénoyautez et coupez les pêches en tranches.
Répartissez tous les fruits dans les 6 plats.
Peu avant de servir, préparez le sabayon.
Dans un saladier, battez les jaunes d'œufs avec
le sucre, jusqu'à ce que le mélange blanchisse.
Ajoutez l'eau et le sauternes.
Faites cuire ce mélange au bain-marie en fouettant
jusqu'à ce que la crème double de volume.
Versez sur les fruits.
Placez la grille du four à mi-hauteur et allumez le gril.
Glissez les plats sur la grille environ 5 minutes jusqu'à
ce qu'ils prennent une couleur dorée.
Servez immédiatement en saupoudrant de sucre glace.

Le conseil de Sophie :
Si votre sabayon est trop liquide,
c'est que vous n'avez pas fait cuire
suffisamment les jaunes d'œufs.

Que de fruits !

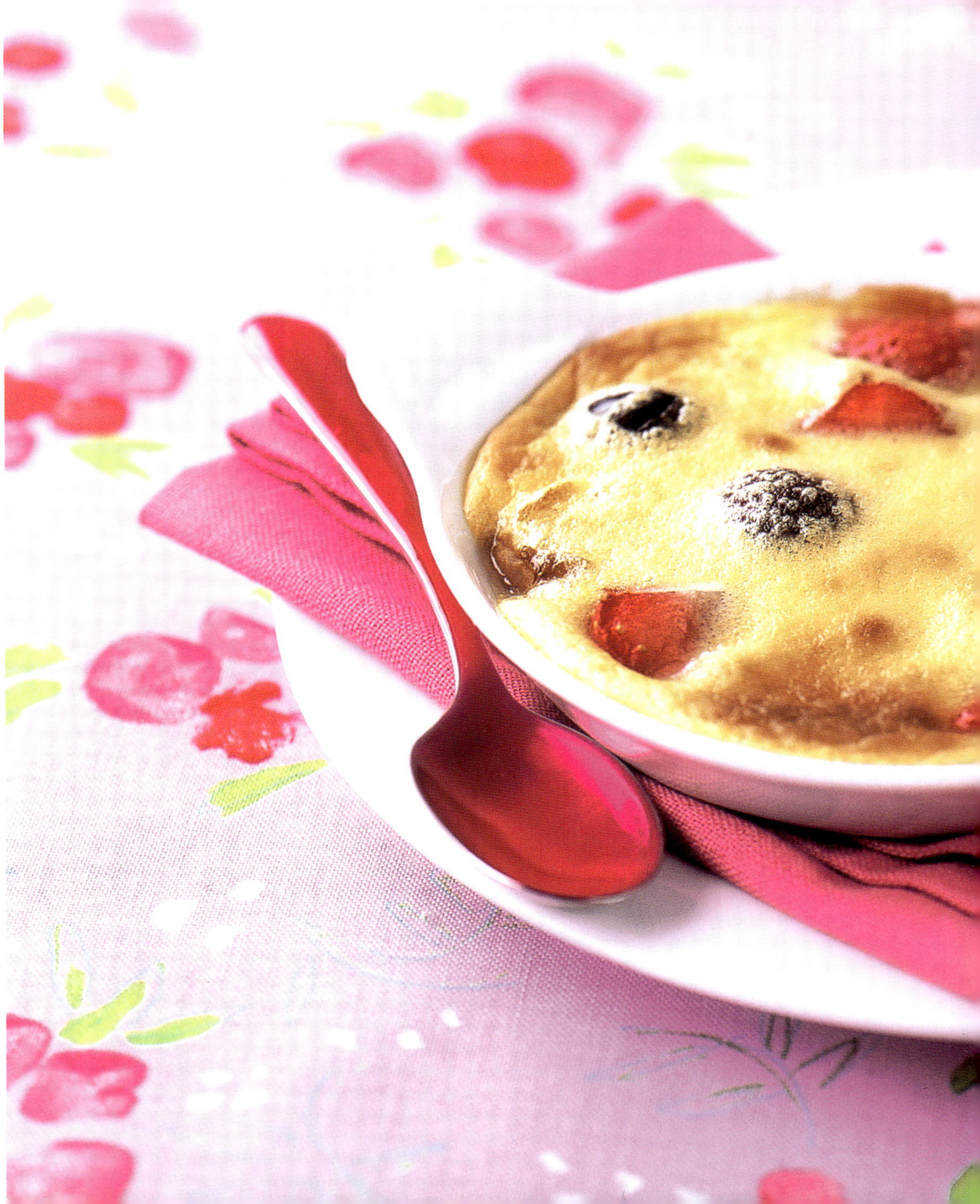

Que de fruits ! 79

Glacés !

sorbet cacao .... p. 82
milk-shake .... p. 85
glace vanille .... p. 86
sorbet fraise .... p. 87
vacherin glacé
au coulis de fruits rouges .... p. 91
soufflé glacé aux fruits rouges .... p. 92

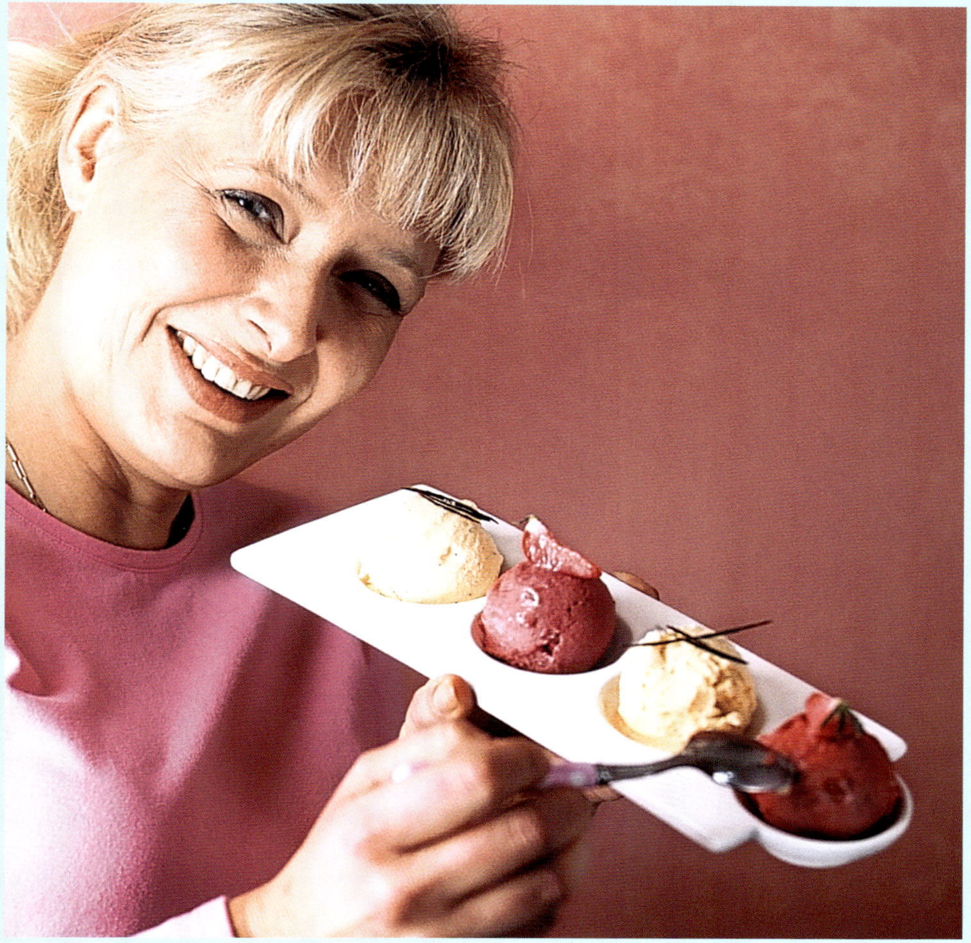

150 g de chocolat noir
50 g de cacao en poudre non sucré
100 g de sucre semoule
50 cl d'eau

Dans une casserole, faites bouillir l'eau et le sucre.
À feu moyen, incorporez le cacao et le chocolat cassé en morceaux. Mélangez et laissez chauffer encore 2 minutes.
Retirez du feu et laissez refroidir.
Placez le tout au réfrigérateur pendant 30 minutes minimum.
Versez dans la sorbetière et laissez prendre.
À déguster immédiatement.

Le conseil de Sophie :

Vous pouvez incorporer au mélange, avant de le passer à la sorbetière, 20 g de chocolat râpé (une barre de chocolat à dessert).

sorbet cacao

Pour 6 personnes

80 g de cacao non sucré
50 cl d'eau
60 g de lait écrémé en poudre
6 cuillerées à soupe d'édulcorant

Dans une casserole, faites bouillir l'eau avec le lait en poudre et le cacao.
Mélangez et laissez chauffer encore 2 minutes.
Retirez du feu. Laissez refroidir puis ajoutez l'édulcorant.
Placez le tout au réfrigérateur pendant 30 minutes minimum.
Versez dans la sorbetière et laissez prendre.
À déguster immédiatement.

Le conseil de Sophie :

Pour la décoration des verres en chocolat, trempez-les dans du chocolat fondu et laissez durcir.

Les desserts de Sophie - Collection printemps-été

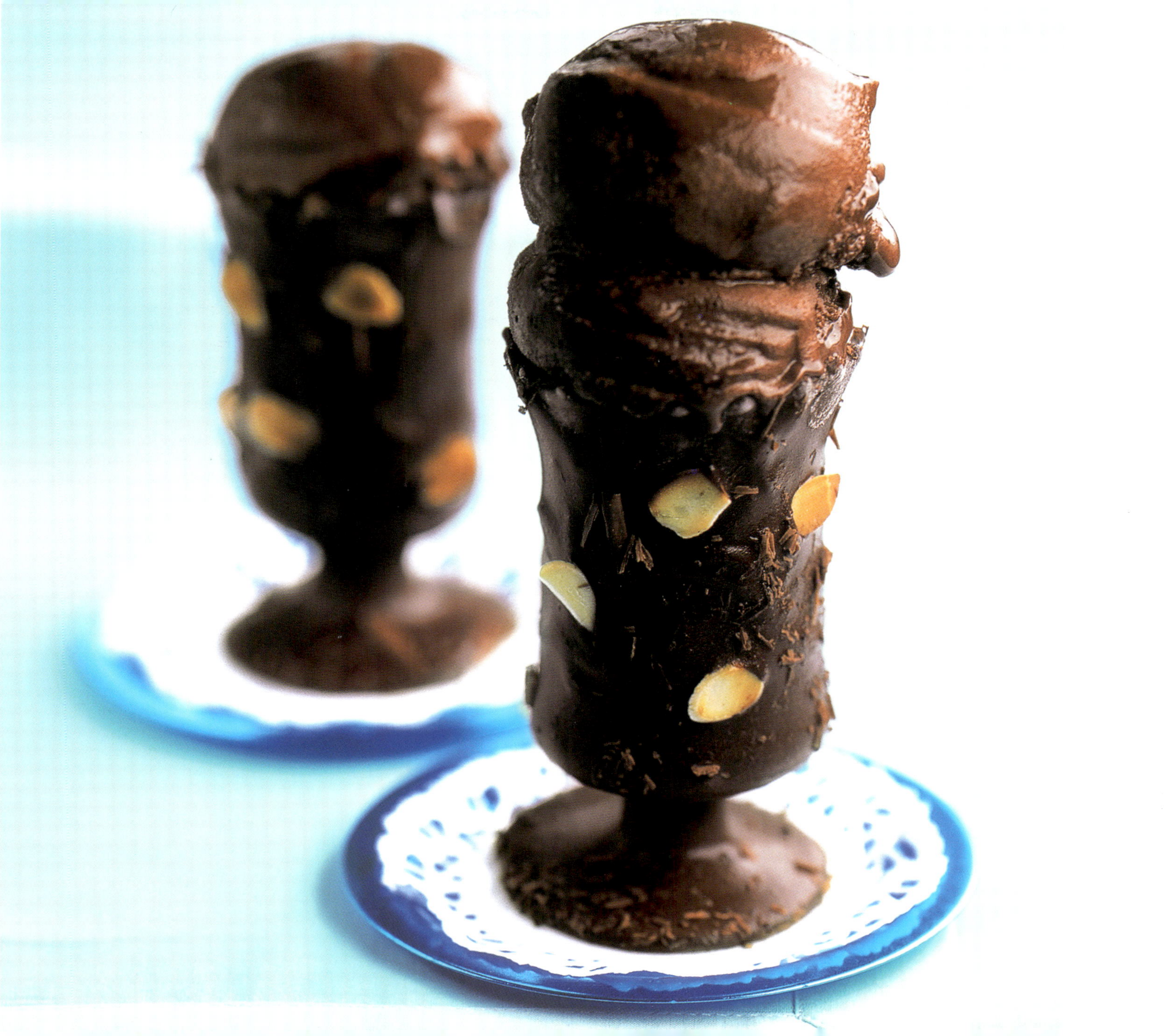

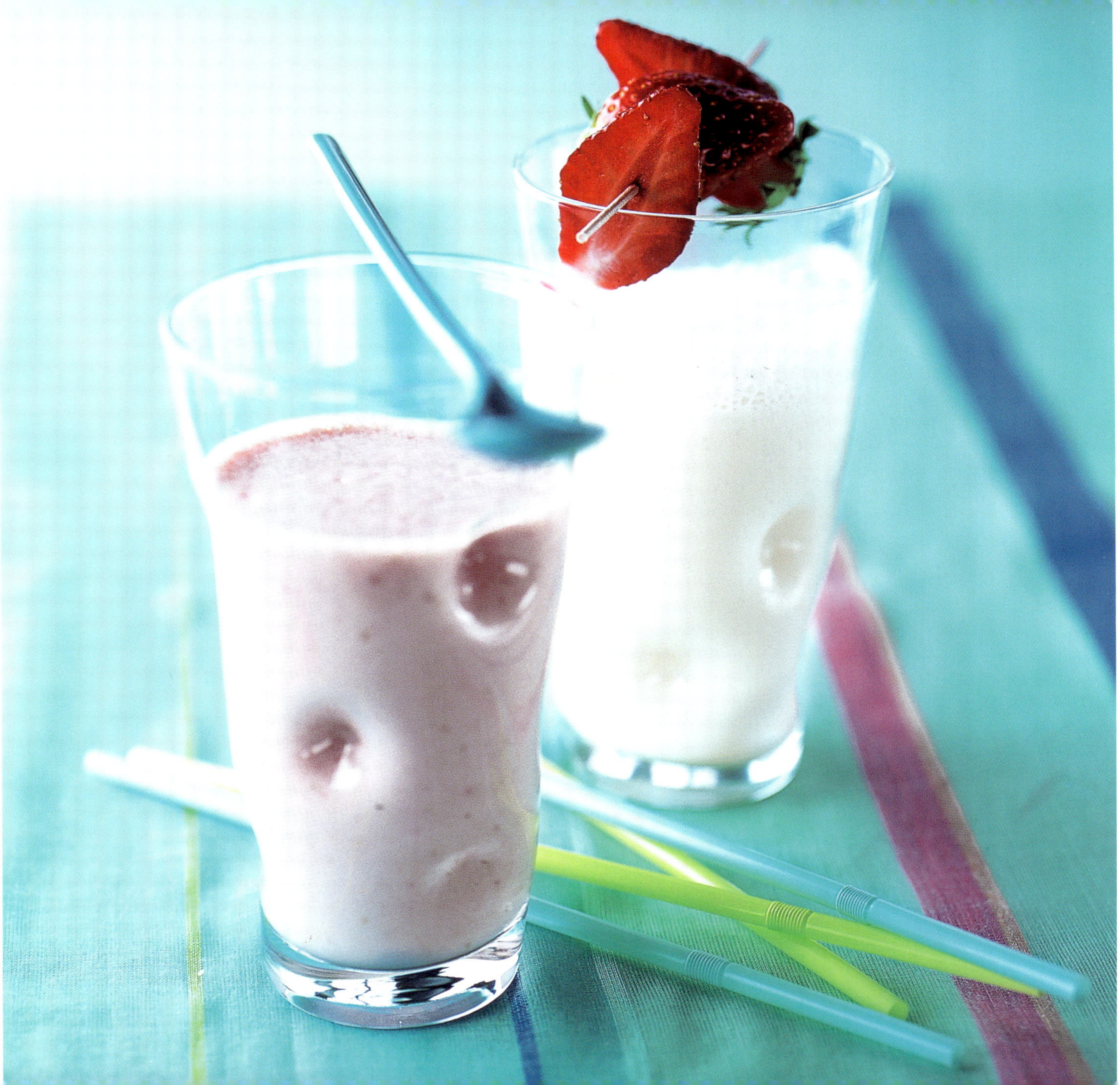

3 boules de glace vanille
70 cl de lait entier
1 banane
3 pêches
2 abricots
30 g de sucre semoule
Le jus d'un demi-citron
6 glaçons

25 cl de lait concentré
non sucré
2 yaourts à 0 %
5 pêches
2 abricots
10 fraises
1 blanc d'œuf (35 g)
2 cuillerées à soupe
d'édulcorant en poudre
Le jus d'un demi-citron
6 glaçons

milk-shake

Pour 6 verres à orangeade

Pelez la banane et les pêches. Coupez les abricots en deux et dénoyautez-les. Coupez tous les fruits en gros morceaux.
Mixez-les avec la glace, le lait, le sucre, le jus de citron et les glaçons.
Servez et consommez immédiatement avec une paille.

Le conseil de Sophie :
Vous pouvez utiliser directement des fruits surgelés. Dans ce cas, ne mettez pas de glaçons.

Pelez les pêches. Coupez les abricots en deux et dénoyautez-les. Lavez et équeutez les fraises. Coupez tous les fruits en gros morceaux.
Mixez-les avec le lait, le yaourt, le blanc d'œuf, l'édulcorant, le jus de citron et les glaçons.
Servez et consommez immédiatement avec une paille.

Glacés ! | 85

glace vanille

Pour 6 personnes

50 cl de crème liquide entière
4 jaunes d'œufs
150 g de sucre
1 cuillerée à café de vanille en poudre

50 cl de crème liquide allégée à 15 % ou du lait demi-écrémé
2 jaunes d'œufs
3 cuillerées à soupe d'édulcorant en poudre
1 cuillerée à café de vanille en poudre
2 feuilles de gélatine

Dans une casserole, faites chauffer la crème avec la vanille.
Battez les jaunes d'œufs avec le sucre à l'aide d'un fouet afin que le mélange blanchisse, puis incorporez peu à peu la crème chaude en fouettant constamment.
Versez de nouveau ce mélange dans la casserole et chauffez à feu doux (ne faites surtout pas bouillir), sans cesser de remuer avec une cuillère en bois, jusqu'à ce que la mousse de la crème disparaisse.
Retirez la crème du feu et versez-la dans un saladier.
Remuez de temps en temps jusqu'à refroidissement.
Mettez en sorbetière puis au congélateur.

Mettez les feuilles de gélatine à tremper dans un bol rempli d'eau froide.
Dans une casserole, faites chauffer la crème avec la vanille.
Battez les jaunes d'œufs avec l'édulcorant à l'aide d'un fouet, puis incorporez peu à peu la crème chaude en fouettant constamment.
Versez de nouveau ce mélange dans la casserole et chauffez à feu doux (ne faites surtout pas bouillir), sans cesser de remuer avec une cuillère en bois, jusqu'à ce que la mousse de la crème disparaisse. Retirez la crème du feu et versez-la dans un saladier. Incorporez la gélatine essorée.
Remuez de temps en temps jusqu'à refroidissement.
Mettez en sorbetière puis au congélateur.

600 g de fraises
Le jus d'un demi-citron
10 cl de sirop de sucre de canne

600 g de fraises
20 cl d'eau minérale
5 cuillerées à soupe
d'édulcorant en poudre
Le jus d'un demi-citron

sorbet fraise

Pour 6 personnes

Lavez et équeutez les fraises.
Mixez-les avec le jus de citron.
Ajoutez le sirop.
Mixez-les à nouveau 5 secondes.
Mettez en sorbetière.
Rien ne vaut un sorbet préparé
à la minute.

Dans une casserole, montez à ébullition
l'édulcorant et l'eau.
Retirez du feu et laissez refroidir.
Lavez et équeutez les fraises.
Mixez-les avec le jus de citron.
Incorporez le sirop.
Mettez en sorbetière.
Rien ne vaut un sorbet préparé à la minute.

Le conseil de Sophie :
Vous pouvez passer au chinois ou dans une
passoire fine la purée de fraises pour éliminer
les petites graines.

Glacés ! | **87**

Le conseil de Sophie :

Laissez votre glace hors du congélateur 15 minutes avant de la servir.
Pour faire des belles boules, plongez la cuillère entre chaque boule de glace dans un récipient d'eau chaude."

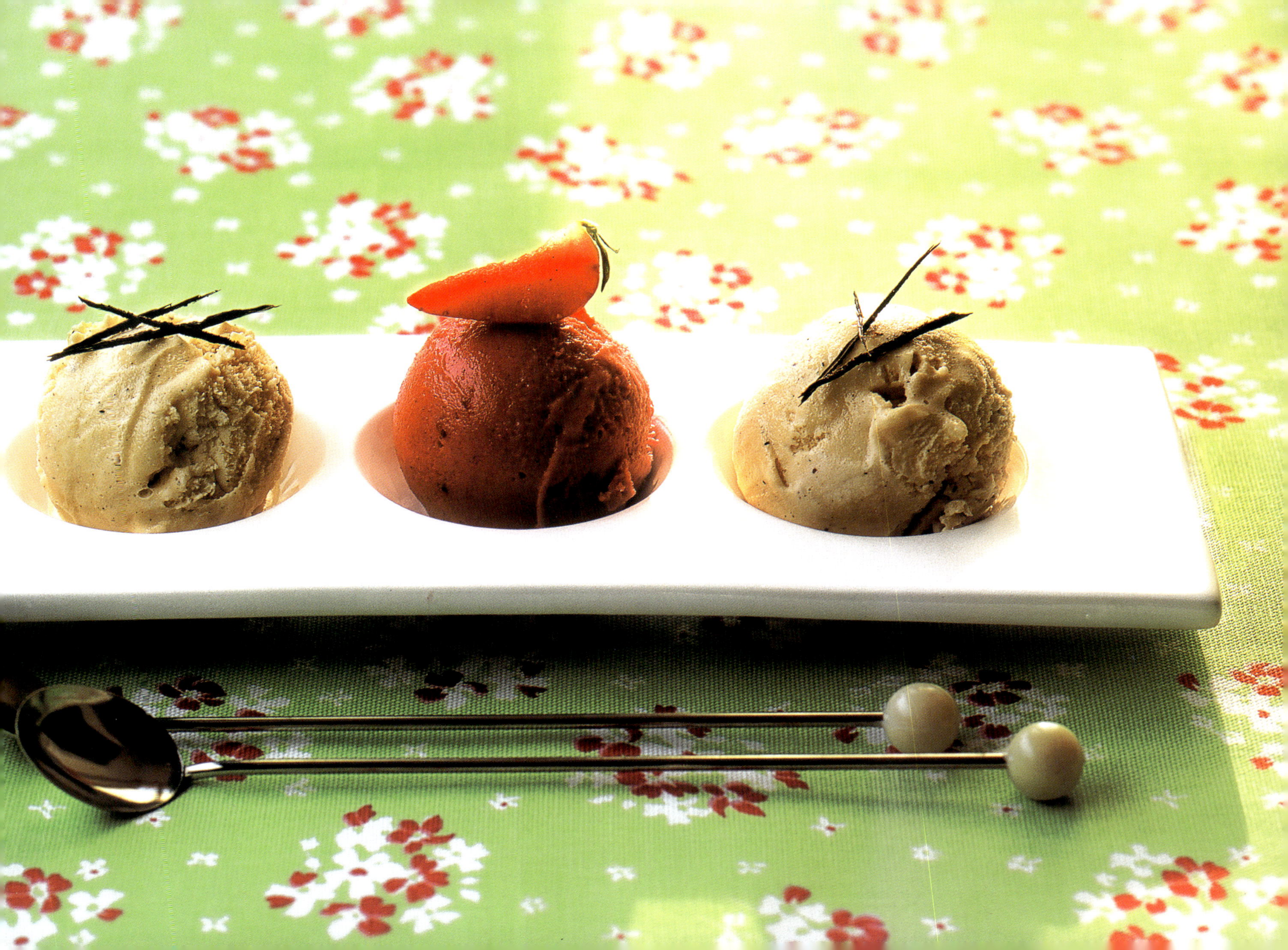

400 g de fruits rouges
au choix (framboises,
fraises, mûres…)
4 œufs entiers
150 g de sucre semoule
30 cl de crème fraîche
épaisse
100 g de meringues
achetées toutes faites
1 cuillerée à café
de vanille en poudre

Séparez les blancs d'œufs des jaunes.
Dans un saladier, fouettez les jaunes avec 100 g de sucre.
Ajoutez la crème fraîche et la vanille.
Montez les blancs en neige ferme. Mélangez-les délicatement
à la préparation.
Concassez les meringues.
Alternez dans le moule une couche de crème et une couche de meringue.
Finissez par une couche de crème et mettez le tout au congélateur
pendant au moins 3 heures.
Au moment de servir, mixez les fruits en ajoutant le sucre restant.
Démoulez le vacherin en le trempant 10 secondes dans de l'eau chaude
et nappez du coulis de fruits rouges.

vacherin glacé au coulis de fruits rouges

1 moule à bavarois ou un moule à charlotte
Pour 6 personnes

400 g de fruits rouges au choix
(framboises, fraises, mûres...)
6 œufs entiers
4 cuillerées à soupe
d'édulcorant en poudre
20 cl de crème fraîche
épaisse allégée
80 g de meringues
achetées toutes faites
1 cuillerée à café
de vanille en poudre

Séparez les blancs d'œufs des jaunes.
Dans un saladier, fouettez les jaunes avec 2 cuillerées à soupe d'édulcorant. Ajoutez la crème fraîche et la vanille.
Montez les blancs en neige ferme. Mélangez-les délicatement à la préparation.
Concassez les meringues.
Alternez dans le moule une couche de crème et une couche de meringue. Finissez par une couche de crème et mettez le tout au congélateur pendant au moins 3 heures.
Au moment de servir, mixez les fruits en ajoutant 2 cuillerées à soupe d'édulcorant.
Démoulez le vacherin en le trempant dans de l'eau chaude et nappez du coulis de fruits rouges.

Le conseil de Sophie :

Pour un vacherin express, vous pouvez remplacer la crème par de la glace vanille allégée toute prête.

Le conseil de Sophie :

Pour faciliter le démoulage du vacherin, vous pouvez étaler du papier film dans le moule avant de verser votre préparation.

Glacés ! | 91

500 g de fruits rouges (fraises, framboises, groseilles, mûres…) frais ou surgelés
200 g de sucre semoule
Le jus d'un demi-citron
10 cl d'eau
4 blancs d'œufs (140 g)
1 bombe de crème Chantilly ou 25 cl de chantilly maison (voir recette p. 14)
6 feuilles de menthe

soufflé glacé aux fruits rouges

Pour 6 ramequins

Mixez les fruits rouges avec 50 g de sucre et le jus de citron. Gardez quelques fruits pour la décoration.
Dans une petite casserole, portez à ébullition l'eau et le sucre restant. Laissez bouillir 2 minutes.
Montez les blancs en neige et versez petit à petit sans cesser de fouetter le sirop bouillant sur les blancs. Continuez de les battre jusqu'à ce que la préparation soit froide.
Dans un saladier, incorporez la moitié des fruits rouges à la chantilly. Incorporez l'autre moitié aux blancs.
Mélangez les 2 préparations.
Entourez les ramequins d'une bande de papier sulfurisé suffisamment haute pour que le soufflé puisse dépasser en hauteur d'environ 4 cm. Fixez-la avec du ruban adhésif.
Remplissez-les de mousse à hauteur du papier.
Mettez le tout au congélateur pendant au moins 2 heures.
Avant de servir, retirez le papier. Décorez d'une feuille de menthe et de fruits rouges.

500 g de fruits rouges (fraises, framboises, groseilles, mûres…) frais ou surgelés
4 cuillerées à soupe d'édulcorant en poudre
Le jus d'un demi-citron
6 blancs d'œufs (210 g)
1 bombe de crème Chantilly allégée ou 25 cl de chantilly allégée maison (voir recette p. 15)
6 feuilles de menthe

Mixez les fruits rouges avec 2 cuillerées à soupe d'édulcorant et le jus de citron. Gardez quelques fruits pour la décoration. Montez les blancs en neige et versez l'édulcorant restant sans cesser de fouetter.
Dans un saladier, incorporez la moitié des fruits rouges à la chantilly. Incorporez l'autre moitié aux blancs. Mélangez les 2 préparations.
Entourez les ramequins d'une bande de papier sulfurisé suffisamment haute pour que le soufflé puisse dépasser en hauteur d'environ 4 cm. Fixez-la avec du ruban adhésif. Remplissez-les de mousse à hauteur du papier. Mettez le tout au congélateur pendant au moins 2 heures.
Avant de servir, retirez le papier. Décorez d'une feuille de menthe et de fruits rouges.

Glacés !

Le conseil de Sophie :

Vous pouvez remplacer les fruits rouges par 500 g de purée d'ananas avec 1 cuillèrée à soupe de Malibu®."

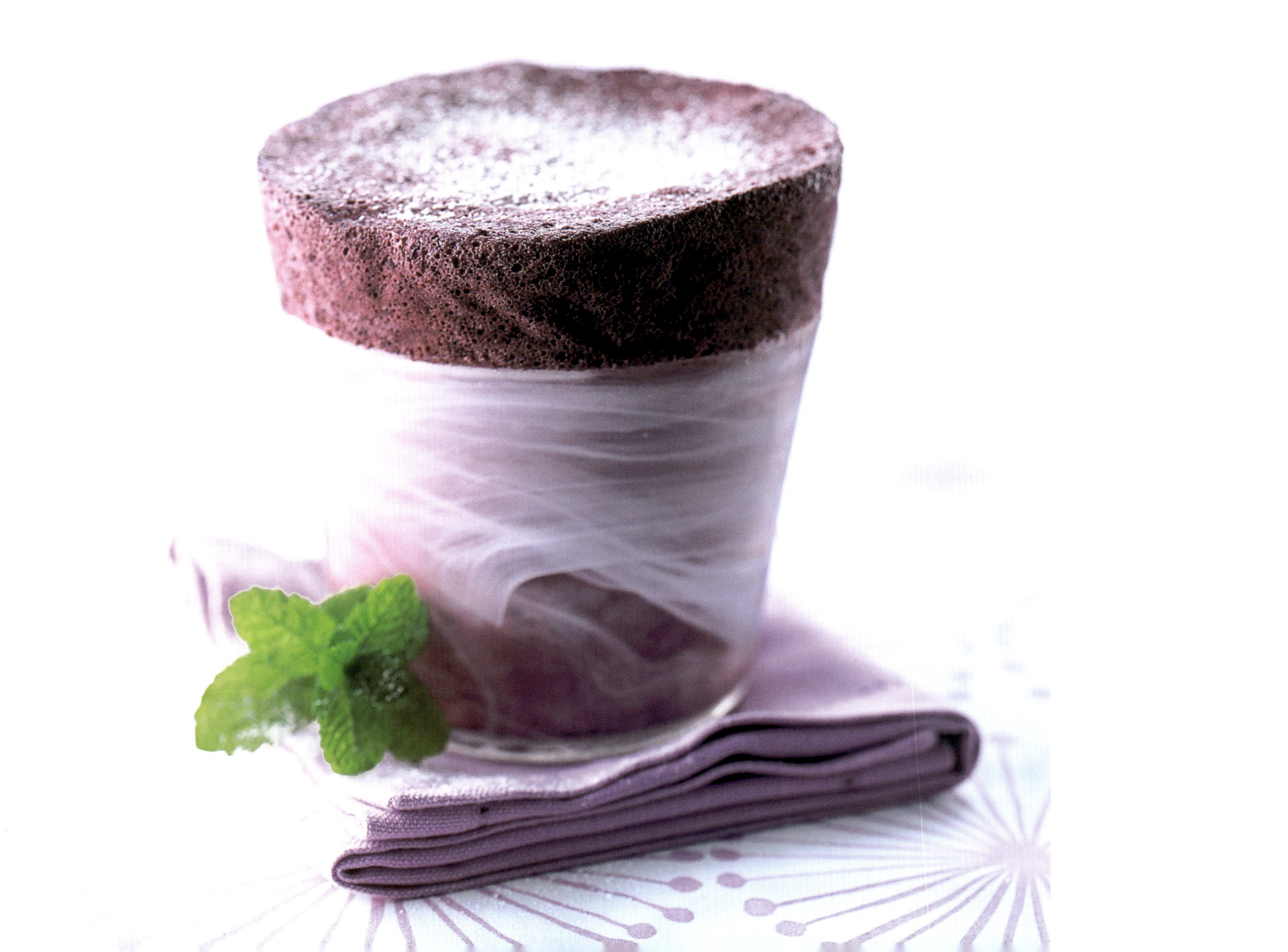

Les desserts de ma Maman !

charlotte aux framboises .... p. 98
œufs à la neige .... p. 103
diplomate .... p. 104
clafoutis aux abricots .... p. 107
tarte au citron meringuée .... p. 108
crème caramel .... p. 113
gâteau coco-fraise .... p. 114
omelette flambée au rhum .... p. 117

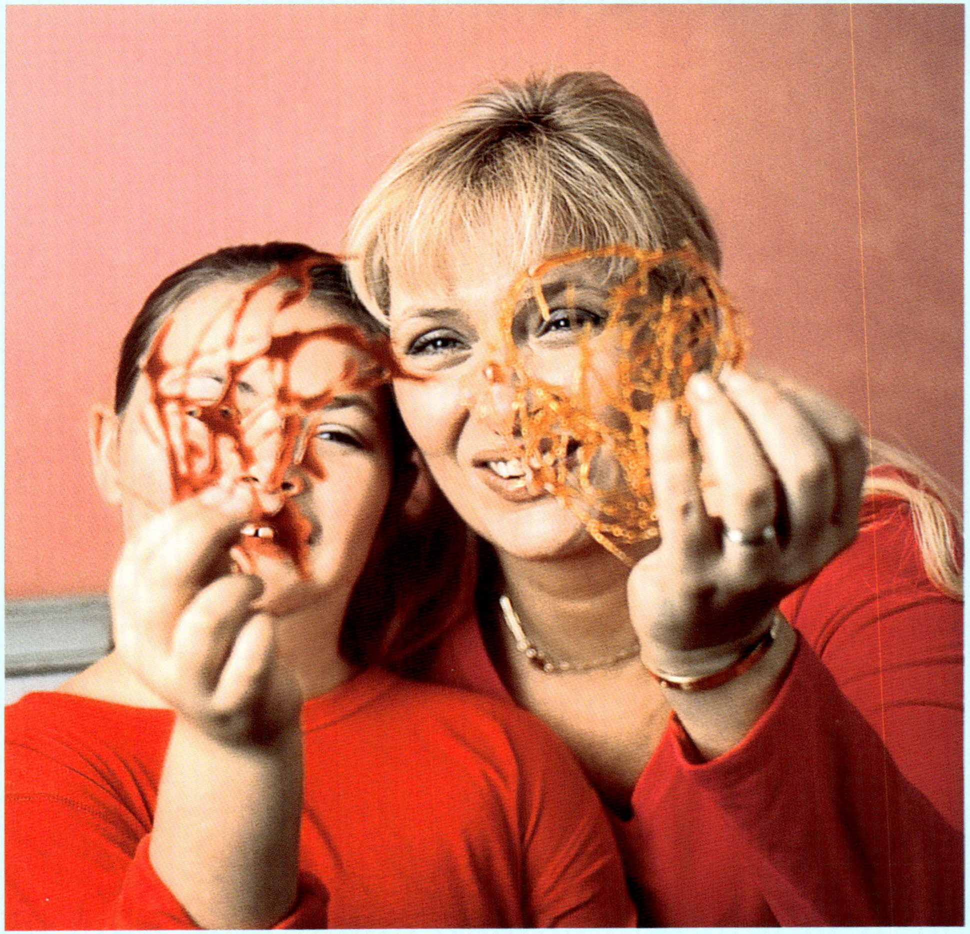

charlotte aux framboises

1 moule à charlotte de 18 cm
Pour 8 personnes

25 biscuits à la cuillère
ou biscuits de Reims
300 g de framboises
25 cl de lait entier
2 œufs entiers + 2 jaunes
50 g de sucre semoule
30 g d'amandes en poudre
1 cuillerée à café d'extrait
de vanille
6 feuilles de gélatine (12 g)

Pour le trempage des biscuits :
20 cl d'eau tiède
10 cl de sirop de framboise

Faites tremper les feuilles de gélatine dans un bol d'eau froide.
Versez les 20 cl d'eau et le sirop de framboise dans une assiette creuse.
Trempez rapidement un à un les biscuits dans ce mélange et disposez-les
au fur et à mesure dans le fond et sur les bords du moule.
Il doit vous en rester pour une couche et pour recouvrir la charlotte à la fin.
Dans une casserole, faites tiédir le lait avec la vanille.
Dans un saladier, battez tous les œufs avec le sucre.
Incorporez-y la poudre d'amandes. Mélangez.
Versez le lait petit à petit sur ce mélange, tout en remuant.
Incorporez les feuilles de gélatine essorées. Laissez refroidir la crème.
Remplissez ensuite le moule de crème refroidie, de framboises
et de biscuits en alternant les couches.
Terminez par une couche de biscuits. Placez la charlotte au réfrigérateur
pendant au moins 12 heures.
Pour démouler la charlotte, plongez le moule 3 secondes dans
de l'eau chaude puis renversez-la sur un plat.

25 biscuits à la cuillère
300 g de framboises
25 cl de lait écrémé
2 œufs entiers + 2 jaunes
4 cuillerées à soupe
d'édulcorant en poudre
30 g d'amandes en poudre
1 cuillerée à café d'extrait
de vanille
6 feuilles de gélatine

Pour le trempage des biscuits :
20 cl d'eau tiède
10 cl de kirsch
2 cuillerées à soupe
d'édulcorant en poudre

Faites tremper les feuilles de gélatine dans un bol d'eau froide.
Versez l'eau, le kirsch et l'édulcorant dans une assiette creuse.
Trempez rapidement un à un les biscuits dans ce mélange et disposez-les
au fur et à mesure dans le fond et sur les bords du moule.
Il doit vous en rester pour une couche et pour recouvrir la charlotte à la fin.
Dans une casserole, faites tiédir le lait avec la vanille.
Dans un saladier, battez les œufs avec l'édulcorant.
Incorporez-y la poudre d'amandes. Mélangez.
Versez le lait petit à petit sur le mélange tout en remuant.
Incorporez les feuilles de gélatine essorées. Laisser refroidir la crème.
Remplissez ensuite le moule de crème, de framboises et de biscuits
en alternant les couches.
Terminez par une couche de biscuits. Placez la charlotte au réfrigérateur
pendant au moins 12 heures.
Pour démouler la charlotte, plongez le moule 3 secondes dans
de l'eau chaude puis renversez-la sur un plat.

Les desserts de ma Maman !

100 *Les desserts de Sophie - Collection printemps-été*

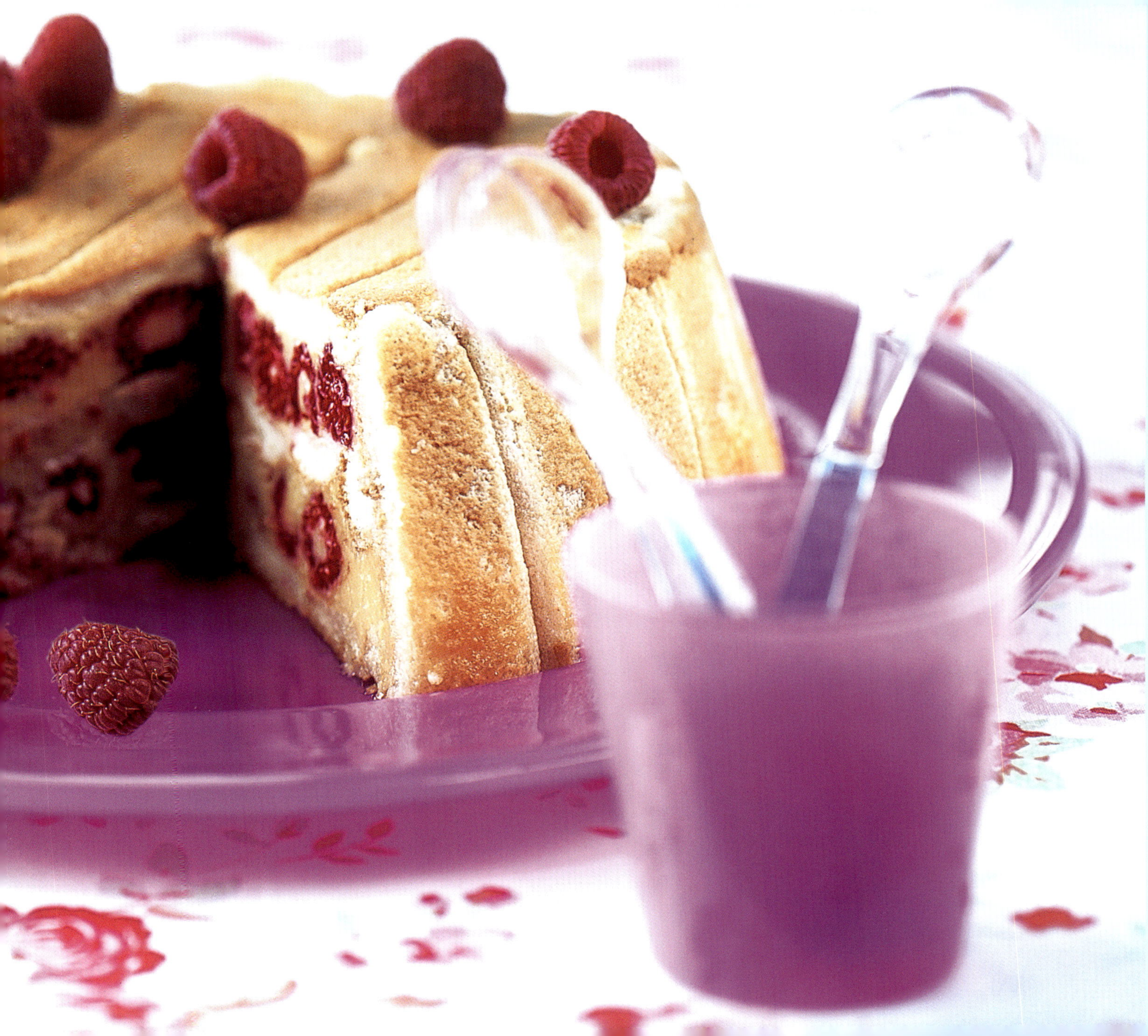

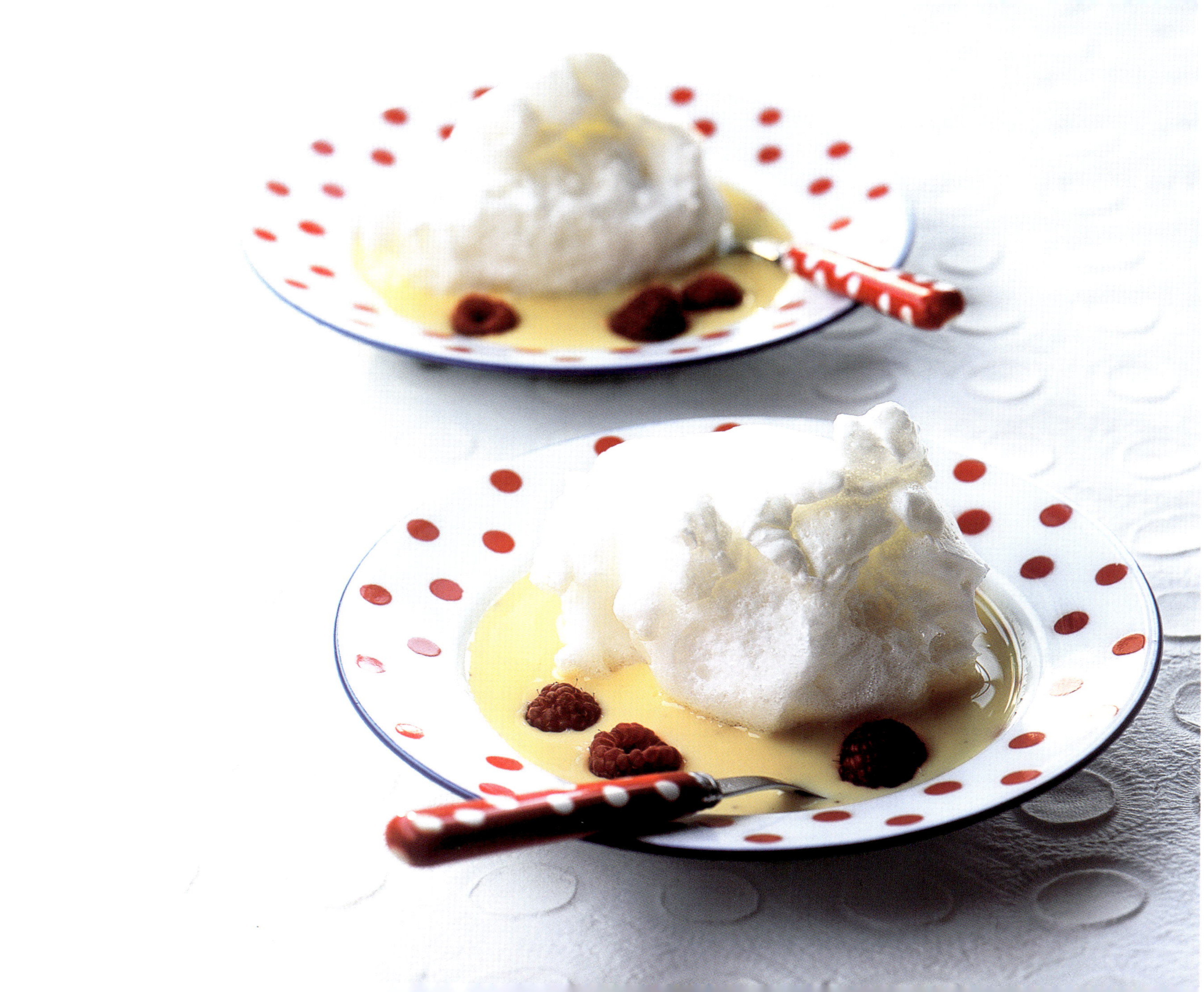

Préparez la crème anglaise allégée.
Montez les blancs en neige en y ajoutant l'édulcorant et l'arôme lorsqu'ils sont déjà fermes. Façonnez-les en grosses boules à la main ou à la cuillère et posez-les sur une assiette.
Mettez-les au micro-ondes, puissance maximum, une première fois 20 secondes. Ouvrez la porte et remettez-les 10 secondes.
Déposez les blancs cuits sur la crème anglaise. Décorez avec des framboises.

Crème anglaise allégée
(voir recette p. 13)
6 blancs d'œufs (210 g)
2 cuillerées à soupe
d'édulcorant en poudre
1/2 cuillerée à café
d'arôme de citron
125 g de framboises

œufs à la neige

Pour 6 personnes

Crème anglaise
(voir recette p. 12)
6 blancs d'œufs (210 g)
20 g de sucre glace

Pour le caramel :
100 g de sucre semoule
1 cuillerée à soupe d'eau
1 filet de jus de citron

Préparez la crème anglaise.
Montez les blancs en neige en y ajoutant le sucre glace lorsqu'ils sont déjà fermes. Façonnez-les en grosses boules à la main ou à la cuillère et posez-les sur une assiette.
Mettez-les au micro-ondes, puissance maximum, une première fois pendant 20 secondes. Ouvrez la porte et remettez-les 10 secondes.
Déposez les blancs cuits sur la crème anglaise.
Dans une casserole, mettez le sucre avec l'eau. Faites chauffer jusqu'à l'obtention d'un caramel blond. Attention, c'est très rapide ! Hors du feu, ajoutez le citron.
Versez le caramel sur les blancs d'œufs en tournant. La casserole doit se trouver à environ 30 cm de hauteur afin qu'il se forme des filaments.

Le conseil de Sophie :
Vous devez impérativement cuire en deux fois les blancs dans le micro-ondes pour éviter l'explosion !

Les desserts de ma Maman !

diplomate

1 moule à charlotte de 22 cm ou un moule à bavarois
Pour 8 personnes

500 g de brioche en tranches
125 g de fruits confits en dés
80 g de raisins secs de Corinthe
ou golden
10 cl de rhum
40 g de beurre
6 œufs entiers
200 g de sucre semoule
1 sachet de sucre vanillé
25 cl de lait entier
25 cl de crème liquide

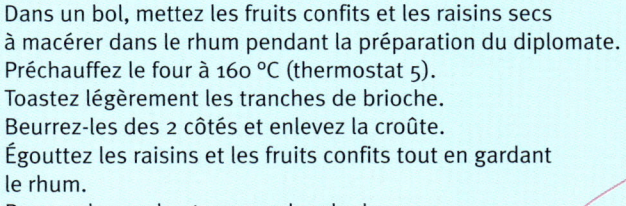

Dans un bol, mettez les fruits confits et les raisins secs
à macérer dans le rhum pendant la préparation du diplomate.
Préchauffez le four à 160 °C (thermostat 5).
Toastez légèrement les tranches de brioche.
Beurrez-les des 2 côtés et enlevez la croûte.
Égouttez les raisins et les fruits confits tout en gardant
le rhum.
Beurrez le moule et saupoudrez-le de sucre.
Dans le fond, posez d'abord une couche de brioche,
recouvrez-la d'une couche de fruits macérés, puis alternez
les couches jusqu'en haut du moule en terminant
par une couche de brioche.
Dans un saladier, mélangez les œufs avec les sucres.
Ajoutez le rhum de la macération puis le lait et la crème.
Mélangez.
Versez peu à peu cette préparation dans le moule
pour laisser à la brioche le temps d'absorber le liquide.
Versez de l'eau froide dans la lèchefrite et mettez
au four pendant 1 heure au bain-marie.
Laissez refroidir complètement avant de démouler.
Servez accompagné de crème anglaise
(voir recette p. 12).

Les desserts de Sophie - Collection printemps-été

500 g de brioche en tranches
200 g de pruneaux dénoyautés
10 cl d'armagnac
40 g de beurre allégé à 41 %
8 œufs entiers
3 cuillerées à soupe
d'édulcorant en poudre
1 sachet de sucre vanillé
50 cl de lait écrémé
25 cl de crème fraîche
liquide allégée à 4 %

Dans un bol, mettez les pruneaux coupés en morceaux à macérer dans l'armagnac pendant la préparation du diplomate.
Préchauffez le four à 160 °C (thermostat 5).
Toastez légèrement les tranches de brioche.
Beurrez-les des 2 côtés et enlevez la croûte.
Égouttez les pruneaux tout en gardant l'armagnac.
Beurrez le moule. Dans le fond, posez d'abord une couche de brioche, recouvrez-la d'une couche de pruneaux macérés, puis alternez les couches jusqu'en haut du moule en terminant par une couche de brioche.
Dans un saladier, mélangez les œufs avec l'édulcorant et le sucre vanillé. Ajoutez l'armagnac de la macération puis le lait et la crème. Mélangez. Versez peu à peu cette préparation dans le moule pour laisser à la brioche le temps d'absorber le liquide.
Versez de l'eau froide dans la lèchefrite et mettez au four pendant 1 heure au bain-marie.
Laissez refroidir complètement avant de démouler.
Servez accompagné de crème anglaise allégée (voir recette p. 13).

Les desserts de ma Maman !

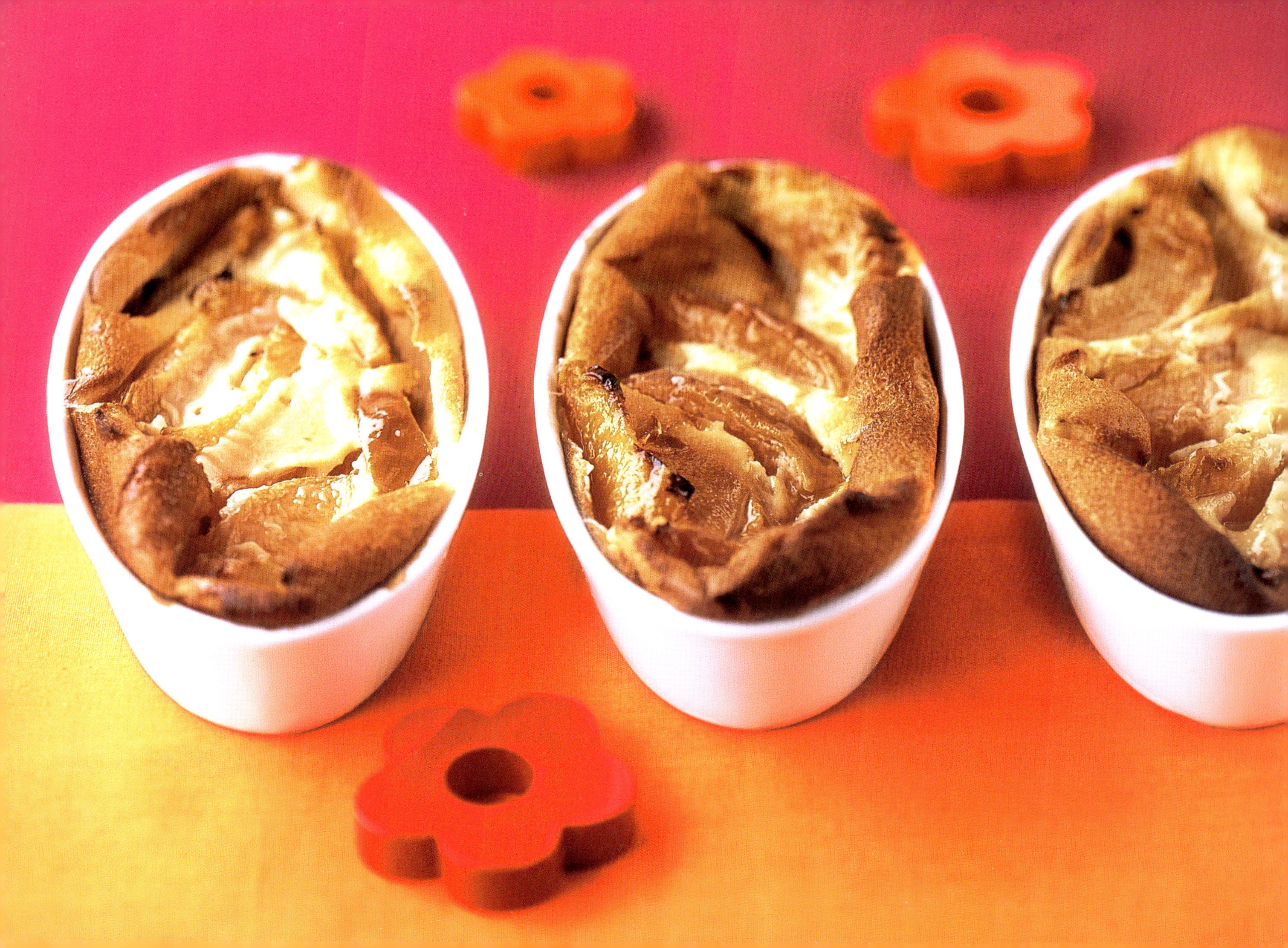

clafoutis aux abricots

Pour 6 personnes

1 kg d'abricots
10 g de beurre
6 œufs entiers
180 g de sucre semoule
100 g de farine
25 cl de lait entier
ou demi-écrémé
50 cl de crème fraîche liquide

Préchauffez le four à 180 °C (thermostat 6).
Dénoyautez les abricots et coupez-les en quatre.
Beurrez le plat et disposez-y les abricots.
Dans un saladier, mélangez à l'aide d'un fouet les œufs
et le sucre. Ajoutez la farine. Mélangez.
Faites tiédir le lait, incorporez-le à la pâte. Ajoutez la crème,
mélangez et versez la préparation sur les abricots.
Mettez le tout au four pendant 35 minutes.
Laissez refroidir à température ambiante.
Ce clafoutis ne se démoule pas.

Le conseil de Sophie :

Vous pouvez utiliser pour la pâte un robot mixeur blender. Dans ce cas, mettez le lait chaud en premier, puis tous les autres ingrédients.

1 kg d'abricots
10 g de beurre allégé à 41 %
8 œufs entiers
4 cuillerées à soupe
d'édulcorant
100 g de farine
25 cl de lait écrémé
50 cl de crème fraîche liquide
allégée à 4 %

Préchauffez le four à 180 °C (thermostat 6).
Dénoyautez les abricots et coupez-les en quatre.
Beurrez le plat et disposez-y les abricots.
Dans un saladier, mélangez à l'aide d'un fouet les œufs
et l'édulcorant. Ajoutez la farine. Mélangez.
Faites tiédir le lait, incorporez-le à la pâte. Ajoutez la crème,
mélangez et versez la préparation sur les abricots.
Mettez le tout au four pendant 35 minutes.
Laissez refroidir à température ambiante.
Ce clafoutis ne se démoule pas.

Le conseil de Sophie :

Remplacez les abricots par tous les fruits d'été que vous aimez (cerises, pêches…) frais ou en conserve.

Les desserts de ma Maman !

tarte au citron meringuée

1 moule à tarte de 26 cm
Pour 8 personnes

1 pâte sablée prête à dérouler
ou la pâte brisée croustillante
(voir recette p. 10)
6 jaunes d'œufs (210 g)
150 g de sucre semoule
30 g de farine
60 g de beurre fondu
Le zeste et le jus de 3 citrons

Pour la meringue :
3 blancs d'œufs (105 g)
70 g de sucre glace
1 pincée de sel

Préchauffez le four à 180 °C (thermostat 6).
Disposez la pâte dans le moule à tarte en conservant le papier sulfurisé.
Piquez le fond et les bords de la tarte avec une fourchette et faites cuire la pâte à blanc pendant 15 minutes.
Dans un saladier, mélangez les jaunes d'œufs, le sucre et la farine. Ajoutez le beurre, le zeste et le jus des citrons. Mélangez. Versez la crème sur le fond de pâte et mettez au four de nouveau pendant 15 minutes.
Laissez tiédir.
Pendant ce temps, préparez la meringue.
Montez les blancs en neige avec le sel en y ajoutant le sucre glace lorsqu'ils sont déjà fermes.
À l'aide d'une poche à douille ou d'une cuillère, répartissez la meringue sur la tarte et enfournez-la de nouveau pendant 5 minutes.

Le conseil de Sophie :
Vous pouvez réaliser avec la même recette
une tarte à l'orange en remplaçant les citrons
par 2 oranges.

1 pâte sablée prête à dérouler
ou allégée faite maison
(voir recette p. 10)
8 jaunes d'œufs
4 cuillerées à soupe
d'édulcorant en poudre
30 g de farine
50 g de beurre
allégé à 41 %, fondu
Le zeste et le jus de 3 citrons

Pour la meringue :
3 blancs d'œufs (105 g)
2 cuillerées à soupe
d'édulcorant
1 pincée de sel

Préchauffez le four à 180 °C (thermostat 6).
Disposez la pâte dans le moule à tarte en conservant le papier sulfurisé.
Piquez le fond et les bords de la tarte avec une fourchette et faites cuire
la pâte à blanc pendant 20 minutes.
Dans un saladier, mélangez les jaunes d'œufs, l'édulcorant et la farine.
Ajoutez le beurre, le zeste et le jus des citrons. Mélangez.
Versez la crème sur le fond de pâte et mettez au four
de nouveau pendant 20 minutes.
Laissez tiédir. Pendant ce temps, préparez la meringue.
Montez les blancs en neige avec le sel en y ajoutant l'édulcorant
lorsqu'ils sont déjà fermes.
À l'aide d'une poche à douille ou d'une cuillère, répartissez la meringue
sur la tarte et enfournez-la de nouveau pendant 5 minutes.

Les desserts de ma Maman !

Le conseil de Sophie :

Lorsque vous sortez une tarte du four, il est impératif de la retirer de son moule et de la déposer sur une grille. Pour faciliter son démoulage, pensez toujours à poser un papier sulfurisé entre le moule et votre pâte à tarte."

Les desserts de Sophie - Collection printemps-été

Les desserts de ma Maman !

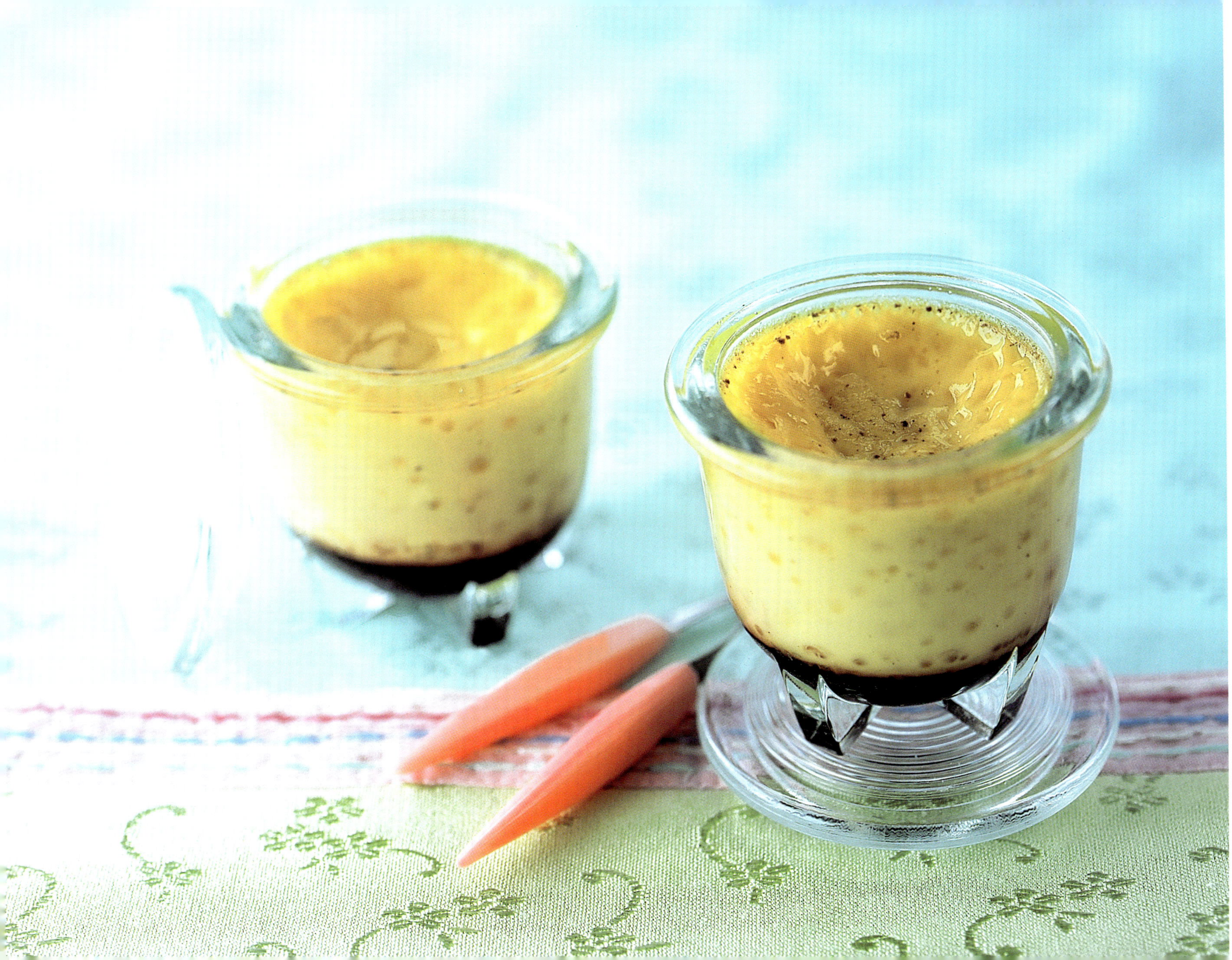

crème caramel

10 pots de yaourt en verre

8 œufs entiers
200 g de sucre semoule
75 cl de lait demi-écrémé ou entier
1 cuillerée à café de vanille en poudre
10 cuillerées à café de caramel liquide

Préchauffez le four à 160 °C (thermostat 5).
Répartissez le caramel dans les pots de yaourt.
Préparez la crème : faites chauffer à feu doux le lait avec la vanille.
Pendant ce temps, dans un saladier, battez les œufs avec le sucre. Incorporez le lait chaud à ce mélange.
Versez la préparation dans les pots contenant le caramel. Mettez au four au bain-marie 35 minutes environ. Laissez refroidir.

8 pots de yaourt en verre

10 œufs entiers
2 cuillerées à soupe d'édulcorant en poudre
75 cl de lait écrémé
1 gousse de vanille
8 cuillerées à café de caramel liquide

Préchauffez le four à 160 °C (thermostat 5).
Répartissez le caramel dans les pots de yaourt.
Préparez la crème : faites chauffer à feu doux le lait avec la gousse de vanille fendue en 2 dans la longueur.
Pendant ce temps, dans un saladier, battez les œufs avec l'édulcorant. Après avoir retiré la gousse de vanille, incorporez le lait chaud à ce mélange.
Versez la crème dans les pots contenant le caramel.
Mettez au four au bain-marie 35 minutes environ.
Laissez refroidir.

Le conseil de Sophie :

Vous pouvez n'utiliser que les jaunes d'œufs et retirer le caramel. Cela deviendra des œufs au lait.

L'eau du bain-marie doit être froide.

Les desserts de ma Maman !

400 g + 100 g de fraises
80 g + 20 g de noix de coco râpée
6 œufs entiers
4 cuillerées à soupe
d'édulcorant en poudre
180 g de beurre allégé à 41 %
150 g de farine
1 bombe de crème Chantilly allégée
ou 25 cl de crème Chantilly maison
allégée (voire recette p. 15)

400 g + 100 g de fraises
80 g + 20 g de noix de coco râpée
4 œufs entiers
150 g de sucre semoule
200 g de beurre mou
150 g de farine
1 bombe de crème Chantilly à la
vanille ou 25 cl de crème Chantilly
maison (voire recette p. 14)

gâteau coco-fraise

1 moule à manqué de 22 cm
Pour 8 personnes

Préchauffez le four à 180 °C (thermostat 6).
Dans un saladier, mélangez les jaunes d'œufs avec l'édulcorant.
Ajoutez le beurre, puis la farine et 80 g de noix de coco.
Mélangez.
Montez les blancs en neige ferme et incorporez-les délicatement
à la pâte. Versez la préparation dans un moule et mettez
au four pendant 40 minutes.
Laissez tiédir le gâteau, démoulez-le et coupez-le en deux
dans l'épaisseur à l'aide d'un couteau à pain.
Étalez la crème Chantilly (gardez-en un peu pour la décoration)
puis 400 g de fraises lavées, équeutées et coupées en deux
sur la base du gâteau. Recouvrez avec l'autre partie du gâteau.
Saupoudrez du reste de noix de coco râpée.
Décorez de crème Chantilly et des fraises restantes.

Préchauffez le four à 180 °C (thermostat 6).
Dans un saladier, mélangez les jaunes d'œufs avec le sucre.
Ajoutez le beurre, puis la farine et les 80 g de noix de coco.
Mélangez.
Montez les blancs en neige ferme et incorporez-les
délicatement à la pâte. Versez la préparation dans un moule
et mettez au four pendant 40 minutes.
Laissez tiédir le gâteau, démoulez-le et coupez-le en deux
dans l'épaisseur à l'aide d'un couteau à pain.
Étalez la crème Chantilly (gardez-en un peu pour
la décoration) puis 400 g de fraises lavées, équeutées
et coupées en deux sur la base du gâteau.
Recouvrez avec l'autre partie du gâteau.
Saupoudrez du reste de noix de coco râpée.
Décorez de crème Chantilly et des fraises restantes.

Les desserts de Sophie - Collection printemps-été

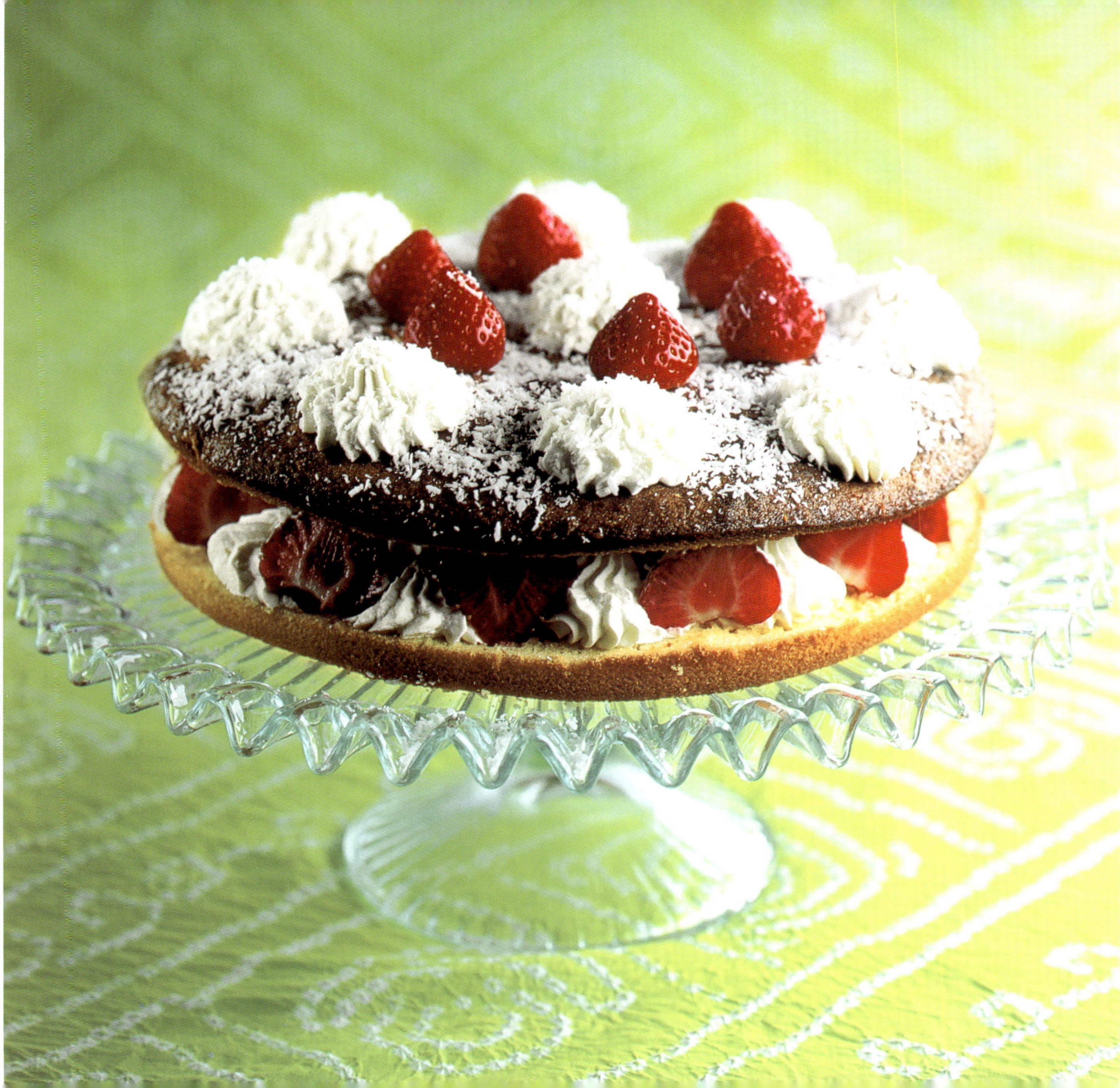

116 | Les desserts de Sophie - Collection printemps-été

omelette flambée au rhum

Pour 6 personnes

10 œufs entiers
80 g de sucre semoule
50 g de beurre
2 cuillerées à soupe
de la confiture de votre choix
10 cl de rhum

Dans un saladier, fouettez rapidement les œufs avec 40 g de sucre.
Dans une poêle, faites fondre le beurre. Versez les œufs.
Laissez prendre à feu moyen pendant environ 8 minutes tout
en repoussant les bords de temps en temps.
Quand les bords de l'omelette sont un peu secs et l'intérieur encore
baveux, déposez la confiture sur une moitié de l'omelette.
Faites-la glisser sur un plat long en la repliant sur elle-même.
Saupoudrez avec le reste de sucre.
Faites bouillir le rhum dans une petite casserole et enflammez-le
à l'aide d'une allumette. Versez-le sur l'omelette pour la flamber
et servez aussitôt.

Le conseil de Sophie :
Vous pouvez remplacer le rhum par du calvados,
du kirsch ou du Cointreau®.

---

8 œufs entiers
3 cuillerées à soupe d'édulcorant
30 g de beurre allégé à 41 %
2 cuillerées à soupe de la confiture
allégée de votre choix
10 cl de rhum

Dans un saladier, fouettez rapidement les œufs avec l'édulcorant.
Dans une poêle, faites fondre le beurre. Versez les œufs.
Laissez prendre à feu moyen pendant environ 8 minutes tout
en repoussant les bords de temps en temps.
Quand les bords de l'omelette sont un peu secs et l'intérieur encore
baveux, déposez la confiture sur une moitié de l'omelette.
Faites-la glisser sur un plat long en la repliant sur elle-même.
Faites bouillir le rhum dans une petite casserole et enflammez-le
à l'aide d'une allumette. Versez-le sur l'omelette pour la flamber
et servez aussitôt.

Le conseil de Sophie :
Vous pouvez remplacer la confiture par 2 cuillerées
à soupe de compote de fruits sans sucre.

Les desserts de ma Maman !

Les desserts de Sophie - Collection printemps-été

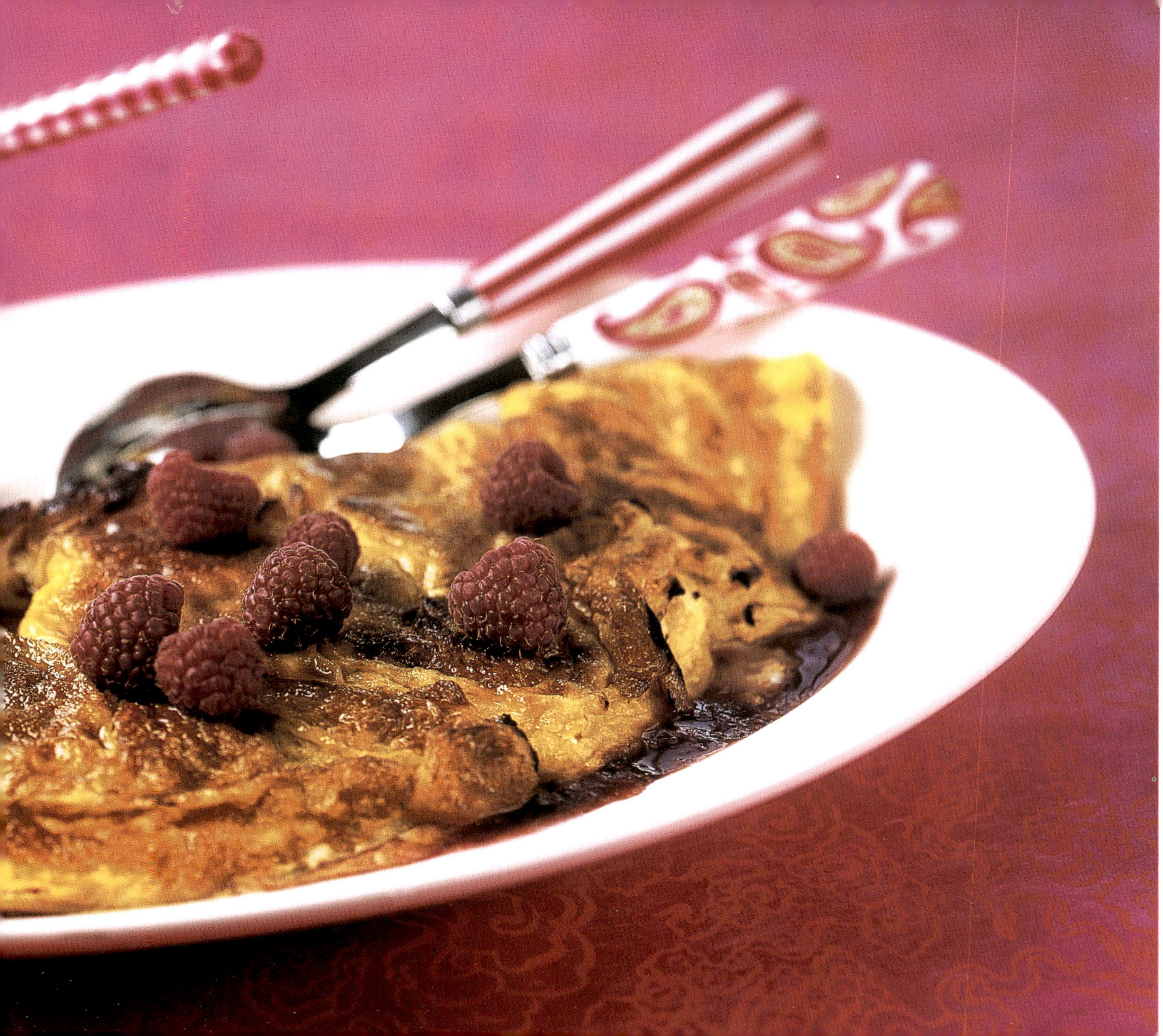

Desserts tout classiques !

cheesecake .... p. 123
quatre-quarts .... p. 124
gâteau des enfants .... p. 126
mille-feuille à la vanille .... p. 128
fraisier .... p. 131
gâteau breton .... p. 135
gâteau au fromage blanc .... p. 137
blanc-manger .... p. 138

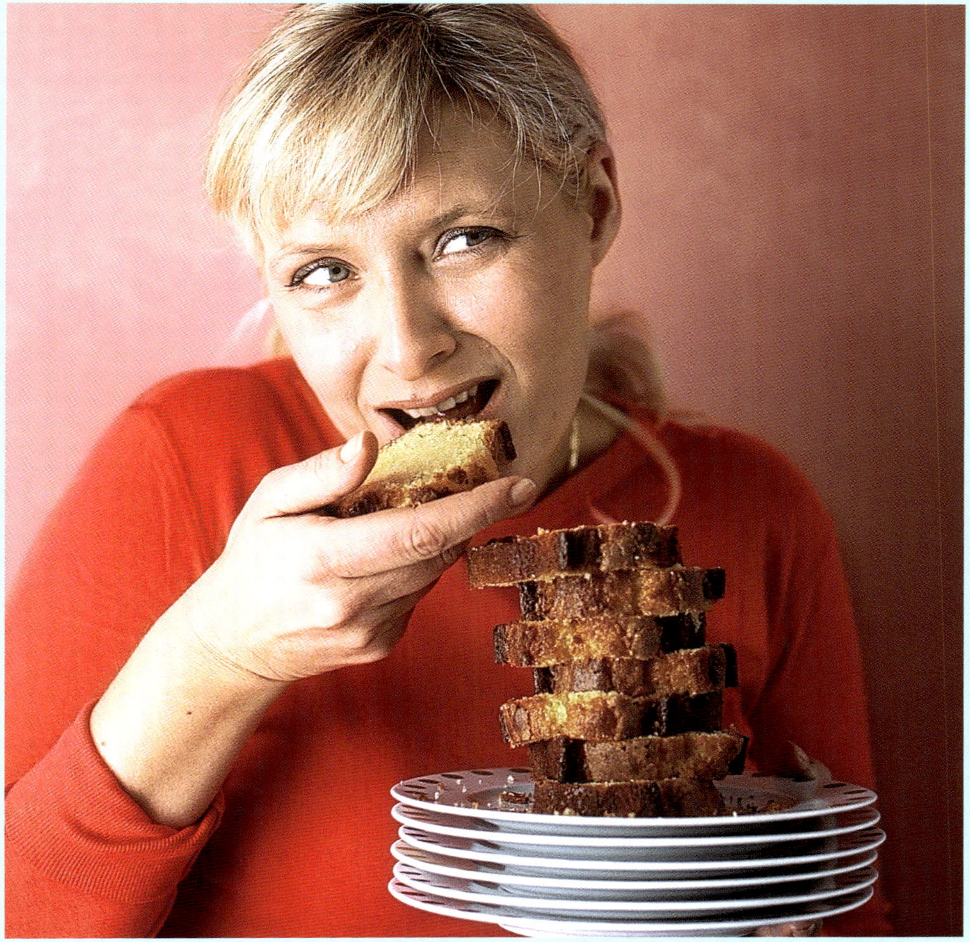

200 g de petits-beurre ou spéculoos
80 g de beurre demi-sel allégé à 41 %
2 cuillerées à soupe d'édulcorant en poudre
1 cuillerée à café de cannelle

Pour la garniture :
12 petits-suisses à 20 %
ou 700 g de Saint-Môret® allégé
6 œufs entiers
3 cuillerées à soupe d'édulcorant en poudre
1 cuillerée à café de farine
Le zeste et le jus d'un demi-citron

Préchauffez le four à 150 °C (thermostat 5).
Mixez les biscuits ou écrasez-les dans un sac à l'aide d'un rouleau à pâtisserie. Faites fondre le beurre au micro-ondes.
Dans un saladier, mélangez les biscuits, le beurre, l'édulcorant et la cannelle. Mettez dans le fond du moule un rond de papier sulfurisé. Étalez la pâte en tassant bien le mélange avec le fond d'un verre. Réservez au réfrigérateur.
Dans un saladier, battez les œufs entiers avec l'édulcorant. Ajoutez la farine, le zeste et le jus de citron puis les petits-suisses. Mélangez. Versez le tout sur la pâte et mettez au four pendant 50 minutes.
Laissez complètement refroidir avant de démouler.
Vous pouvez accompagner le cheesecake d'un coulis de fruits rouges et le décorer de framboises.

Le conseil de Sophie :

Le cheesecake traditionnel se réalise avec de la Philadelphia cream cheese. Vous la trouverez dans les épiceries fines comme « La grande épicerie » du Bon Marché à Paris. Elle existe classique ou allégée.

Les desserts de Sophie - Collection printemps-été

200 g de petits-beurre ou spéculoos
100 g de beurre demi-sel
70 g de sucre roux
1 sachet de sucre vanillé

Pour la garniture :
12 petits-suisses à 40 %
ou 700 g de Kiri®
ou de Saint-Môret®
4 œufs entiers
120 g de sucre semoule
1 cuillerée à café de farine
Le zeste et le jus d'un demi-citron

cheesecake

1 moule à charnière de 26 cm de diamètre avec fond amovible
Pour 8 personnes

Préchauffez le four à 150 °C (thermostat 5).
Mixez les biscuits ou écrasez-les dans un sac à l'aide d'un rouleau
à pâtisserie. Faites fondre le beurre au micro-ondes.
Dans un saladier, mélangez les biscuits, le beurre, et les sucres.
Mettez dans le fond du moule un rond de papier sulfurisé.
Étalez la pâte en tassant bien le mélange avec le fond d'un verre.
Réservez au réfrigérateur.
Dans un saladier, battez les œufs entiers avec le sucre.
Ajoutez la farine, le zeste et le jus de citron puis les petits-suisses.
Mélangez. Versez le tout sur la pâte et mettez au four pendant 50 minutes.
Laissez complètement refroidir avant de démouler.
Vous pouvez accompagner le cheesecake d'un coulis
de fruits rouges et le décorer de framboises.

Desserts tout classiques !

3 œufs entiers
80 g de sucre semoule
1 cuillerée à soupe
d'édulcorant
150 g de farine avec
poudre levante incorporée
ou 150 g de farine et
1/3 de sachet de levure chimique
150 g de beurre allégé à 41 %
(doux ou demi-sel) mou

3 œufs entiers
170 g de sucre semoule
150 g de farine avec
poudre levante incorporée
ou 150 g de farine et
1/3 de sachet de levure chimique
170 g de beurre
(doux ou demi-sel) mou

quatre-quarts

1 moule à cake de 26 cm ou un moule à manqué de 26 cm
Pour 10 personnes

Préchauffez le four à 180 °C (thermostat 6).
Dans un saladier, mettez les œufs, le sucre,
l'édulcorant, la farine et le beurre. Mélangez le tout.
Beurrez et farinez votre moule si vous n'utilisez pas
de moule en silicone. Versez-y la préparation.
Mettez au four pendant 35 minutes.
Laissez tiédir avant de démouler.

Préchauffez le four à 180 °C (thermostat 6).
Dans un saladier, mettez les œufs, le sucre,
la farine et le beurre. Mélangez le tout.
Beurrez et farinez le moule si vous n'utilisez pas
de moule en silicone. Versez-y la préparation.
Mettez au four pendant 35 minutes.
Laissez tiédir avant de démouler.

Le conseil de Sophie :
Si vous beurrez et farinez un moule à cake,
lorsque vous y versez la pâte, évitez de toucher
les bords, le gâteau lèvera d'autant mieux.

Le conseil de Sophie :
Vous pouvez congeler le quatre-quarts en
le coupant en tranches au préalable.
Vous pouvez également ajouter à la pâte
une cuillerée à café de vanille en poudre.

Desserts tout classiques ! | 125

6 carrés de chocolat
5 cuillerées à soupe de farine
4 œufs entiers
3 cuillerées à soupe
d'édulcorant en poudre
2 cuillerées à soupe pleines
de beurre allégé à 41 %
1 cuillerée à soupe
de noix de coco râpée

Préchauffez le four à 180 °C (thermostat 6).
Dans un saladier, mettez l'édulcorant, la farine, le beurre mou, les œufs et la noix de coco.
Mélangez le tout avec un fouet.
Remplissez les moules à muffins à moitié. Ajoutez dessus un carré de chocolat. Mettez au four pendant 25 minutes.
Laissez tiédir avant de démouler.

Le conseil de Sophie :

Vous pouvez remplacer le chocolat par des framboises (4 x 6).

gâteau des enfants

Pour 6 moules à muffins en silicone

6 carrés de chocolat
5 cuillerées à soupe
de sucre semoule
4 cuillerées
à soupe de farine
3 cuillerées à soupe
pleines de beurre mou
2 œufs entiers
1 cuillerée à soupe
de noix de coco râpée

Préchauffez le four à 180 °C (thermostat 6).
Dans un saladier, mettez le sucre, la farine, le beurre mou, les œufs et la noix de coco. Mélangez le tout avec un fouet.
Remplissez les moules à muffins à moitié. Ajoutez dessus un carré de chocolat. Mettez au four pendant 25 minutes.
Laissez tiédir avant de démouler.

Le conseil de Sophie :

Vous pouvez remplacer la noix de coco par de la poudre d'amandes.

Les desserts de Sophie - Collection printemps-été

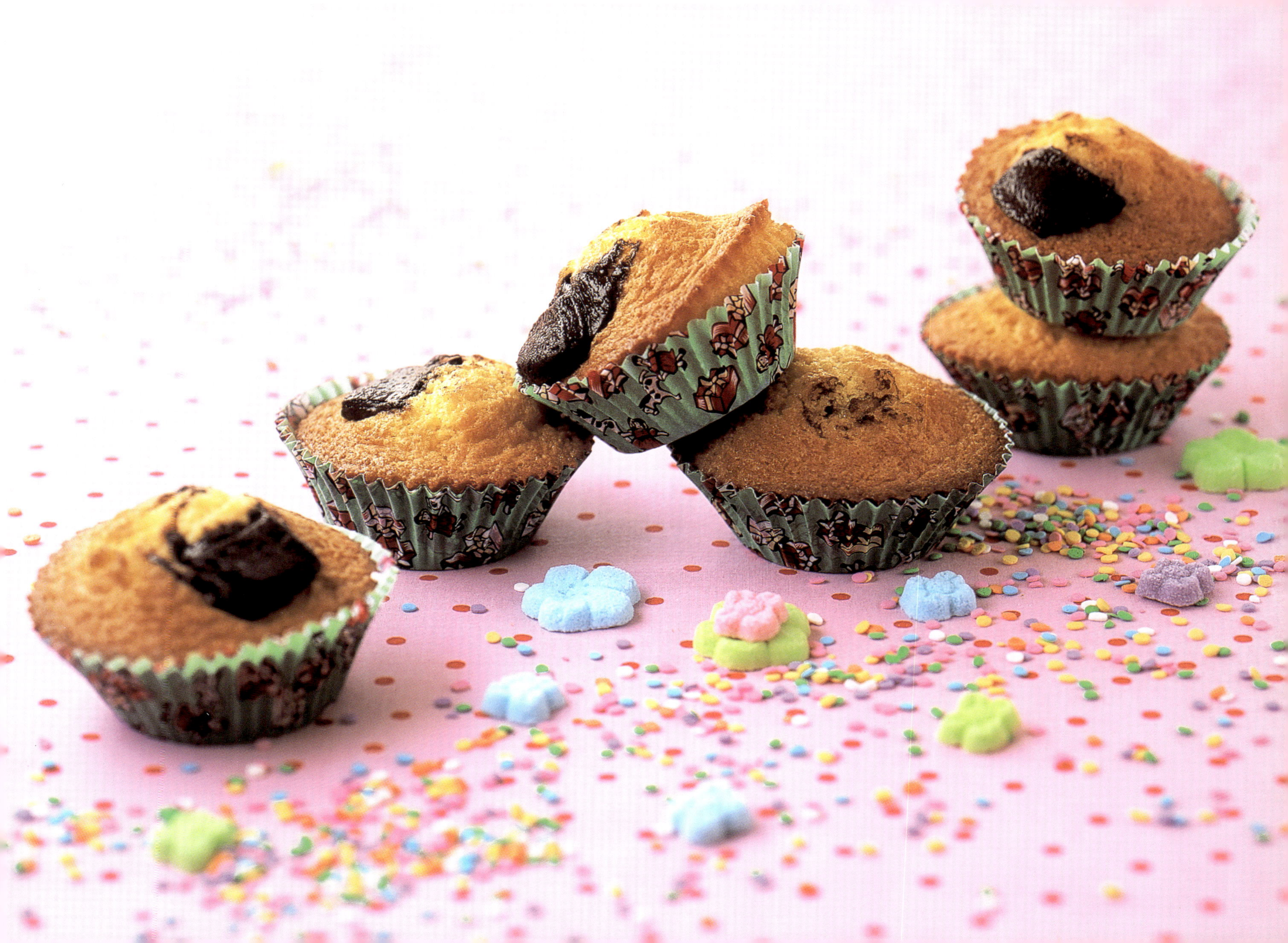

mille-feuille à la vanille

2 feuilles de papier sulfurisé
6 verres à whisky

2 rouleaux de pâte
feuilletée prête à dérouler
Crème légère
(voir recette p. 14)
2 cuillerées à soupe
de sucre glace

Sortez la plaque du four.
Préchauffez le four à 180 °C (thermostat 6).
Étalez les pâtes feuilletées sur le plan de travail.
Piquez-les à l'aide d'une fourchette puis servez-vous
de l'un des verres comme d'un emporte-pièce et formez
18 ronds de pâte (cela fait 3 ronds par verre).
Recouvrez la plaque du four de papier sulfurisé
et étalez dessus les ronds de pâte. Recouvrez
d'une autre feuille de papier sulfurisé et posez,
par exemple, un moule à tarte vide par-dessus
pour éviter que la pâte lève pendant la cuisson.
Enfournez et laissez cuire pendant 10 minutes.
Déposez les ronds de pâte sur une grille.
Laissez-les refroidir.
Préparez la crème légère.
Dans chaque verre, déposez un rond de feuilletage
puis une couche de crème. Renouvelez l'opération,
et terminez par un rond de pâte.
Saupoudrez de sucre glace.

Les desserts de Sophie - Collection printemps-été

2 rouleaux de pâte feuilletée allégée
prête à dérouler
Crème légère allégée (voir recette p. 14)

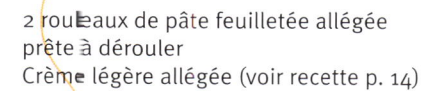

Sortez la plaque du four.
Préchauffez le four à 180 °C (thermostat 6).
Étalez les pâtes feuilletées sur le plan de travail Piquez-les à l'aide d'une fourchette puis servez-vous de l'un des verres comme d'un emporte-pièce et formez avec 18 ronds de pâte (cela fait 3 ronds par verre).
Recouvrez la plaque du four de papier sulfurisé et étalez dessus les ronds de pâte.
Recouvrez d'une autre feuille de papier sulfurisé et posez, par exemple, un moule à tarte vide par-dessus pour éviter que la pâte lève pendant la cuisson. Enfournez et laissez cuire pendant 10 minutes.
Déposez les ronds de pâte sur une grille.
Laissez-les refroidir.
Préparez la crème légère.
Dans chaque verre, déposez un rond de feuilletage, puis une couche de crème.
Renouvelez l'opération, et terminez par un rond de pâte.

Le conseil de Sophie :
Vous pouvez insérer dans la crème légère des framboises ou des fraises.

500 g de fraises
Crème mousseline
(voir recette p. 13)

Pour le biscuit :
3 œufs entiers
80 g de sucre semoule
80 g de farine
20 g de beurre fondu

Pour le sirop :
20 cl d'eau tiède
5 cuillerées à soupe de
sirop de fraise

Préchauffez le four à 180 °C (thermostat 6).
Préparez la crème mousseline.
Séparez les blancs d'œufs des jaunes.
Fouettez le sucre avec les jaunes puis versez la farine
et mélangez. Ajoutez le beurre fondu et mélangez.
Battez les blancs en neige ferme, puis incorporez-les
délicatement à la préparation.
Recouvrez la plaque du four de papier sulfurisé
et étalez la préparation sur une hauteur de 1 cm.
Laissez cuire au four 7 minutes.
Étalez une feuille de papier sulfurisé sur le plan de travail.
Retournez la plaque afin de faire tomber le biscuit sur le papier.
Ôtez délicatement la feuille qui a servi à la cuisson et recouvrez
le biscuit d'un linge humide.
Dans une assiette creuse, mélangez l'eau et le sirop de fraise.
Découpez 12 rondelles de biscuit de la largeur de votre verre,
à l'aide d'un emporte-pièce ou d'un verre et déposez-en
une au fond de chaque verre.
Badigeonnez-les de sirop à l'aide d'un pinceau.
Lavez et équeutez les fraises. Coupez-les en deux.
Disposez-en une partie le long de la paroi des verres.
Garnissez de crème à l'aide d'une poche à douille, ajoutez
des fraises et recouvrez le tout d'un deuxième disque de biscuit.
Finissez en lissant le dessus du verre avec le restant de la crème.
Décorez de fraises. Réservez au réfrigérateur pendant 2 heures.

fraisier

Papier sulfurisé ou plaque silicone
Pour 6 verres

Préparez la crème mousseline allégée.
Dans une assiette creuse, mélangez l'eau
et le sirop de fraise.
Déposez un demi-biscuit à la cuillère au fond
de chaque verre.
Badigeonnez-les de sirop à l'aide d'un pinceau.
Lavez et équeutez les fraises.
Coupez-les en deux.
Disposez-en une partie le long de la paroi
des verres. Garnissez de crème à l'aide
d'une poche à douille, ajoutez des fraises
et recouvrez le tout avec la deuxième
moitié du biscuit.
Finissez en lissant le dessus du verre
avec le restant de la crème.
Décorez de fraises.
Réservez au réfrigérateur pendant 2 heures.

500 g de fraises
Crème mousseline
allégée (voir recette p. 13)
6 biscuits à la cuillère

Pour le sirop :
20 cl d'eau tiède
5 cuillerées à soupe
de sirop de fraise

Desserts tout classiques ! | 131

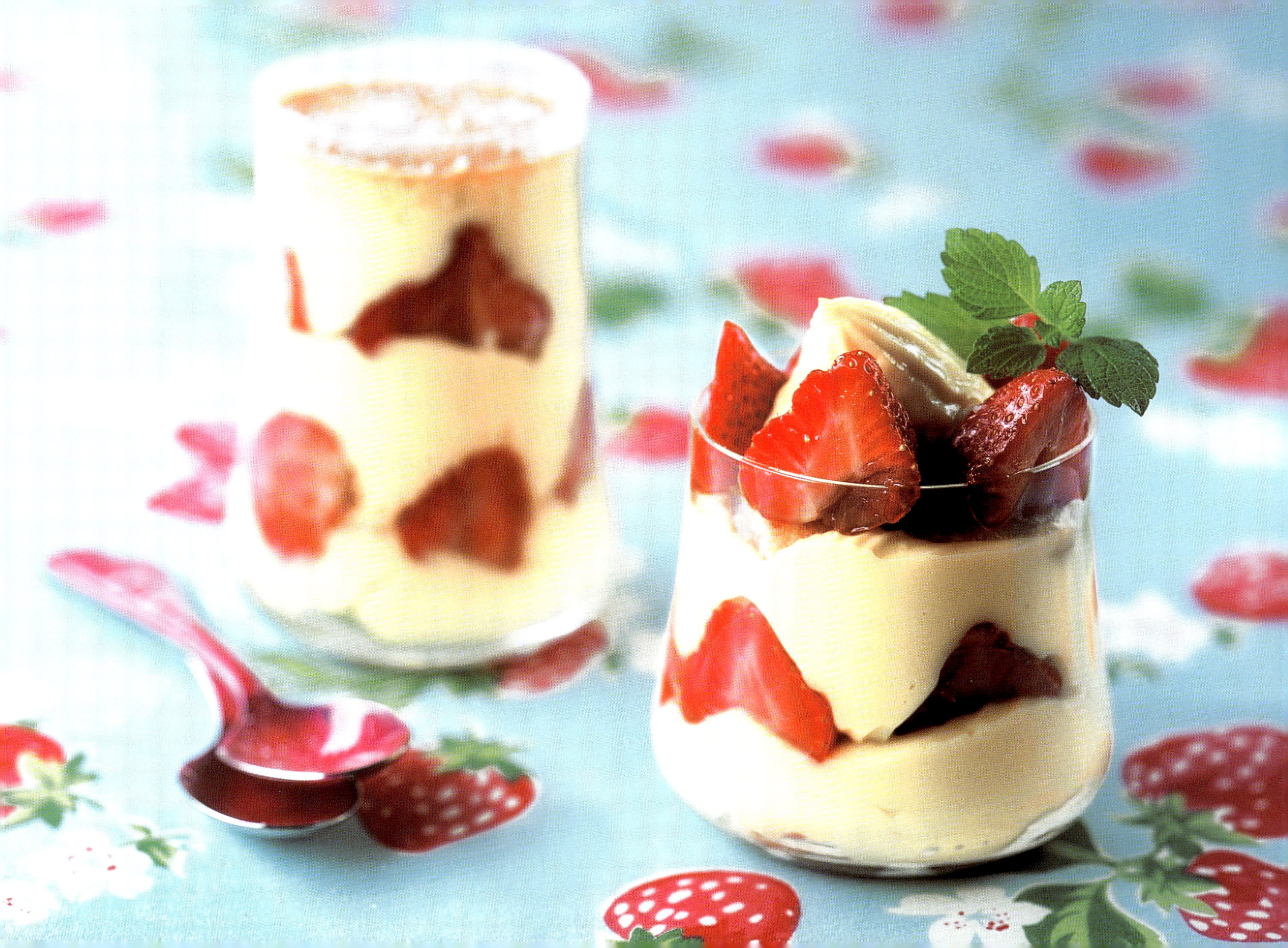

Desserts tout classiques ! 133

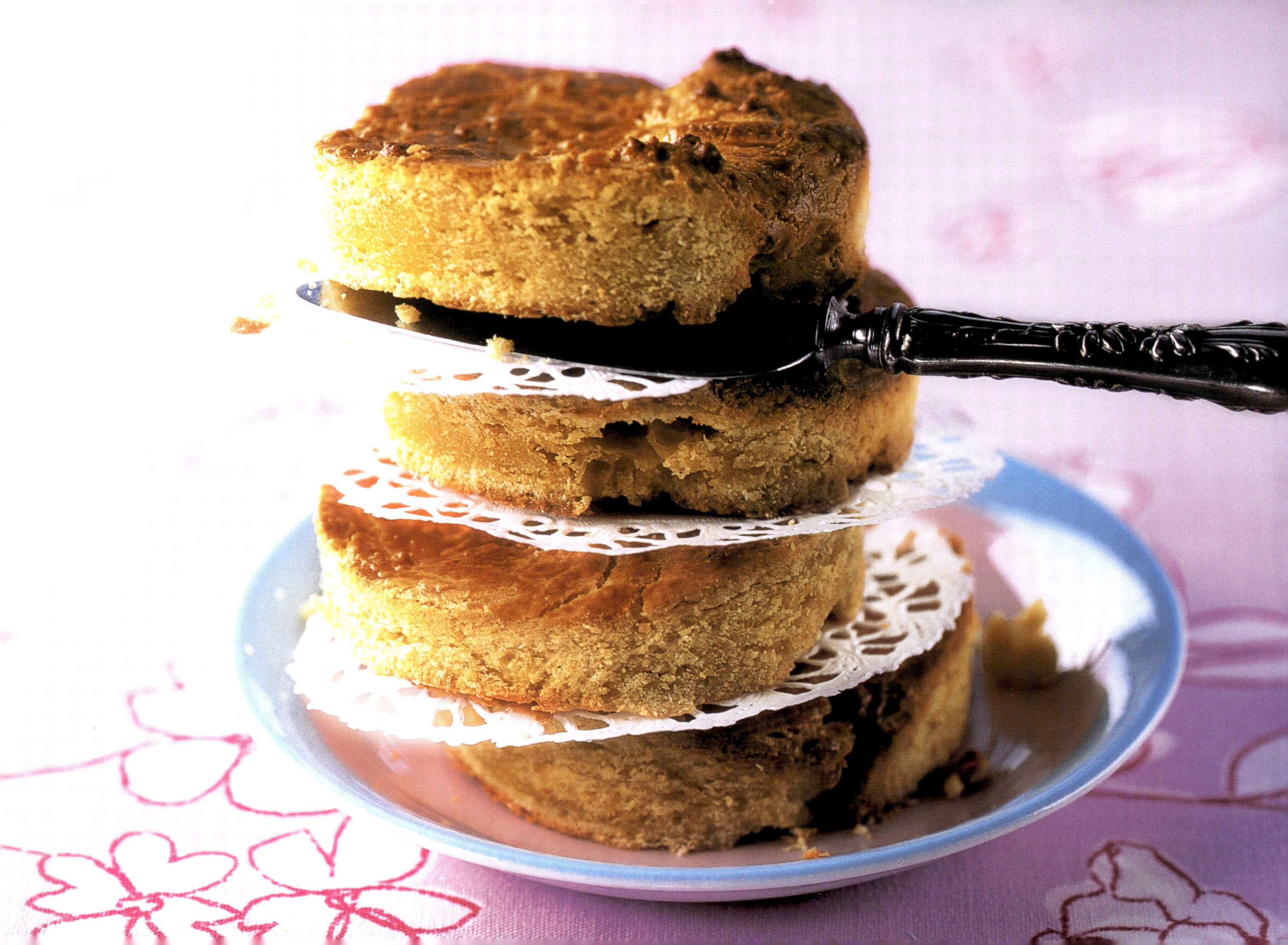

**Pour un moule
à manqué de 26 cm**

250 g de beurre
demi-sel mou
250 g de sucre
semoule
5 jaunes d'œufs
+ 1 pour la dorure
250 g de farine

Préchauffez le four à 150 °C (thermostat 5).
Dans un saladier, mélangez le beurre avec le sucre.
Incorporez un par un les jaunes d'œufs, puis la farine.
Mélangez jusqu'à l'obtention d'une pâte assez compacte.
Versez-la dans le moule, aidez-vous du dos d'une cuillère
pour bien l'étaler. Dorez, à l'aide d'un pinceau, le dessus
du gâteau au jaune d'œuf battu avec un filet d'eau.
Faites des rayures avec les dents d'une fourchette et
mettez au four pendant 15 minutes à 150 °C (thermostat 5),
puis 20 minutes à 180 °C (thermostat 6).
Laissez refroidir avant de démouler.

gâteau breton

Pour 6 personnes

Le conseil de Sophie :
Vous pouvez ajouter à la pâte avant la cuisson 100 g
de pruneaux dénoyautés coupés en morceaux.

Préchauffez le four à 150 °C (thermostat 5).
Dans un saladier, mélangez le beurre avec l'édulcorant.
Incorporez un par un les jaunes d'œufs, puis la farine.
Mélangez jusqu'à l'obtention d'une pâte assez compacte.
Versez-la dans le moule, aidez-vous du dos d'une cuillère
pour bien l'étaler. Dorez, à l'aide d'un pinceau, le dessus
du gâteau au jaune d'œuf battu avec un filet d'eau.
Faites des rayures avec les dents d'une fourchette et mettez
au four pendant 15 minutes à 150 °C (thermostat 5),
puis 20 minutes à 180 °C (thermostat 6).
Laissez refroidir avant de démouler.

**Pour un moule
à manqué de 22 cm**

250 g de beurre
demi-sel allégé à 41 %
4 cuillerées à soupe
d'édulcorant en poudre
6 jaunes d'œufs
+ 1 pour la dorure
250 g de farine

Le conseil de Sophie :
Amusez-vous à découper le gâteau à l'aide d'emporte-pièce.

Desserts tout classiques !

500 g de fromage blanc à 40 %
6 petits-suisses à 40 %
6 œufs entiers
200 g de sucre en poudre
50 g de farine
300 g de crème fraîche épaisse
Le zeste d'un citron
1/2 cuillerée à café d'arôme
naturel de citron

Préchauffez le four à 180 °C (thermostat 6).
Séparez les blancs des jaunes d'œufs.
Battez les blancs en neige ferme.
Mélangez le sucre avec les jaunes d'œufs
jusqu'à ce que le mélange blanchisse.
Ajoutez le fromage blanc,
les petits-suisses, le zeste et l'arôme de
citron, la farine, la crème. Mélangez bien.
Incorporez délicatement et rapidement
les blancs battus.
Versez dans le moule bien beurré
et légèrement fariné si vous n'utilisez pas
de moule en silicone. Mettez au four
environ 50 minutes, puis laissez dans
le four éteint encore 10 minutes.
Laissez refroidir avant de démouler.

Le conseil de Sophie :
Vous pouvez remplacer le zeste de citron
par le zeste d'une demi-orange, et l'arôme
naturel de citron par de l'orange.

136 | *Les desserts de Sophie - Collection printemps-été*

gâteau au fromage blanc

Pour un moule à charnière de 26 cm
Pour 8 personnes

500 g de fromage blanc à 0 %
6 petits-suisses à 20 %
6 œufs entiers
4 cuillerées à soupe d'édulcorant en poudre
50 g de farine
300 g de crème fraîche épaisse allégée à 5 %
Le zeste d'un citron
1/2 cuillerée à café d'arôme naturel de citron

Préchauffez le four à 180 °C (thermostat 6). Séparez les blancs des jaunes d'œufs. Battez les blancs en neige ferme. Mélangez l'édulcorant avec les jaunes d'œufs. Ajoutez le fromage blanc, les petits-suisses, le zeste et l'arôme de citron, la farine, la crème. Mélangez bien. Incorporez délicatement et rapidement les blancs battus. Versez dans un moule bien beurré et légèrement fariné si vous n'utilisez pas de moule en silicone. Mettez au four environ 50 minutes puis laissez dans le four éteint pendant 10 minutes. Laissez refroidir avant de démouler.

Le conseil de Sophie :
Vous pouvez ajouter à la pâte avant cuisson 125 g de framboises.

Desserts tout classiques !

blanc-manger

Pour 8 ramequins

300 g d'amandes en poudre
60 cl de lait entier
225 g de sucre semoule
35 cl de crème liquide
6 feuilles de gélatine (12 g)
3 gouttes d'extrait d'amandes amères

Mettez les feuilles de gélatine dans un bol d'eau froide.
Mélangez la poudre d'amandes avec le lait et faites chauffer
sans faire bouillir. Laissez infuser 5 minutes hors du feu en couvrant.
Versez le tout dans une passoire en recueillant le lait d'amandes
dans la casserole. Ajoutez-y le sucre et la crème.
Mélangez à feu doux pendant 1 minute.
Hors du feu, incorporez alors la gélatine essorée.
Ajoutez l'extrait d'amandes et aérez la préparation au fouet 30 secondes.
Répartissez le blanc-manger dans des ramequins.
Laissez prendre au frais pendant 4 heures au moins.
Servez avec un coulis de fruits rouges.

Le conseil de Sophie :
Pour démouler le blanc-manger, plongez le fond des ramequins
dans de l'eau tiède.

300 g d'amandes en poudre
60 cl de lait écrémé
4 cuillerées à soupe d'édulcorant
35 cl de crème liquide allégée à 4 %
6 feuilles de gélatine (12 g)
3 gouttes d'extrait d'amandes amères

Mettez les feuilles de gélatine dans un bol d'eau froide.
Mélangez la poudre d'amandes avec le lait et faites
chauffer sans faire bouillir.
Laissez infuser 5 minutes hors du feu en couvrant.
Versez le tout dans une passoire en recueillant le lait
d'amandes dans une casserole.
Ajoutez-y l'édulcorant et la crème.
Mélangez à feu doux pendant 1 minute.
Hors du feu, incorporez alors la gélatine essorée.
Ajoutez l'extrait d'amandes et aérez la préparation
au fouet pendant 30 secondes.
Répartissez le blanc-manger dans des ramequins.
Laissez prendre au frais pendant 4 heures au moins.
Servez avec un coulis de fruits rouges.

Le conseil de Sophie :

Vous pouvez remplacer les amandes, le lait
et la crème par 50 cl de lait de coco et 40 cl
de lait concentré non sucré.

Desserts tout classiques !

140 | *Les desserts de Sophie - Collection printemps-été*

Index

🟡 Allégé   🔴 Classique

	Allégé	Classique
bavarois à la fraise	p. 70	p. 70
blanc-manger	p. 139	p. 138
charlotte au chocolat	p. 41	p. 40
charlotte aux framboises	p. 99	p. 98
cheesecake	p. 122	p. 123
choux aux fraises	p. 29	p. 28
clafoutis aux abricots	p. 107	p. 107
cookies	p. 20	p. 20
crème anglaise	p. 13	p. 12
crème caramel	p. 113	p. 113
crème Chantilly	p. 15	p. 14
crème légère	p. 14	p. 14
crème mousseline	p. 13	p. 13
crème pâtissière	p. 15	p. 15
crumble aux pêches	p. 61	p. 61
diplomate	p. 105	p. 104
éclairs au chocolat	p. 49	p. 48
fondue au chocolat	p. 59	p. 58
fraisier	p. 131	p. 130
gâteau au fromage blanc	p. 137	p. 136
gâteau breton	p. 135	p. 135
gâteau coco-fraise	p. 114	p. 114
gâteau des enfants	p. 126	p. 126
gaufres	p. 19	p. 19
glaçage royal		p. 12
glace vanille	p. 86	p. 86
gratin de fruits au sabayon	p. 76	p. 77
macarons au chocolat	p. 33	p. 32
milk-shake	p. 85	p. 85
mille-feuille à la vanille	p. 129	p. 128
mille-feuille aux fruits	p. 55	p. 54
moelleux au chocolat	p. 38	p. 39
mousse aux framboises	p. 72	p. 73
muffins aux myrtilles	p. 24	p. 24
œufs à la neige	p. 103	p. 103
omelette flambée au rhum	p. 117	p. 117
pannacotta aux kiwis	p. 53	p. 52
pâte à choux	p. 11	p. 11
pâte brisée croustillante	p. 10	p. 10
pâte sablée	p. 10	p. 10
pie à la rhubarbe	p. 63	p. 62
pomme de Vénus	p. 69	p. 68
profiteroles	p. 44	p. 44
quatre-quarts	p. 124	p. 124
reine de Saba	p. 47	p. 47
rochers congolais	p. 27	p. 27
sablés au citron	p. 35	p. 35
sorbet cacao	p. 82	p. 82
sorbet fraise	p. 87	p. 87
soufflé glacé aux fruits rouges	p. 93	p. 92
tarte au citron meringuée	p. 109	p. 108
tiramisu aux cerises	p. 75	p. 75
vacherin glacé au coulis de fruits rouges	p. 91	p. 90

Index | 141

Sophie Dudemaine
L'Art de Vivre Gourmand

Partez à la découverte de l'univers gourmand de Sophie :
ses livres, recettes, conseils, cours de cuisine, produits gourmets
et une chaleureuse maison d'hôtes normande.

www.sophie-dudemaine.com

Sophie Dudemaine
La Maison de Sophie
14950 Saint-Étienne-la-Thillaye
Tél. 02 31 65 69 97

Merci

À toute l'équipe Minerva pour sa confiance et sa disponibilité.
À Françoise, ma photographe, et Catherine, ma styliste, qui mettent merveilleusement
en scène mes recettes.
À ma mère et mon père qui m'ont donné le goût de la cuisine. Mes plus grands fans !
À mon frère Ludovic qui collectionne les livres de sa sœur et ne cuisine qu'avec eux !!
À Jean-Marie et Denis Chalet qui ont testé les seuls desserts auxquels ils ont droit : les sans sucre !!!
À Marie-Claire, pour sa patience et sa précieuse collaboration.
À Frédérique Delbos pour ses talents de peintre, appliqués à la vaisselle de la Maison de Sophie.
À mon mari Jacki : l'amour, ça se cuisine tous les jours !!!
À KitchenAid, Revol, Le Creuset, Strosser… pour leurs matériels de grande qualité
qui me facilitent la tâche…
À Lindt, Francine, Lesieur… qui se battent tous les jours pour nous proposer de bons produits.

À mes enfants, Ambre, Ophélie et Johann. Je leur dédie tous mes livres pour qu'un jour eux aussi
puissent transmettre à leurs enfants le plaisir de cuisiner.

Shopping

Catherine Madani remercie chaleureusement :

Designer's Guild et Cath Kidston (pp. 18, 21, 25, 26, 52, 53, 57, 59, 71, 72, 73, 78, 79, 84, 86, 87, 88, 122, 123, 131, 132, 133, 134)
10, rue Saint-Nicolas
75011 Paris

Galerie Sentou (pp. 106, 122, 123, 132, 133, 139)
26, boulevard Raspail
75007 Paris

La Chaise Longue (pp. 60, 84)
30, rue Croix-des-Petits-Champs
75001 Paris

Home Autour du Monde (pp. 45, 105, 125)
8, rue des Francs-Bourgeois
75004 Paris

Sabre (pp. 18, 57, 102, 118, 119)
4, rue des Quatre-Vents
75006 Paris

Au Petit Bonheur la Chance (p. 21)
15, rue Saint-Paul
75004 Paris

Et Nanaki (pp. 25, 31, 48, 49, 106, 115), les porcelaines Virebent (pp. 26, 66), Ateliers LZC (pp. 34, 38, 74) et Revol (p. 60).

Achevé d'imprimer en avril 2005
sur les presses de l'imprimerie Ercom à Vicenza
Dépôt légal : mai 2005
Imprimé en Italie